Gagner en efficacité

Un guide pratique, pour tous,
pour tous les jours

Chez le même éditeur :

- *Le développement durable au quotidien*, Farid Baddache
- *Votre CV sur le Net*, Sébastien Bailly
- *S'organiser, c'est facile !*, Stéphanie Bujon et Laurence Einfalt
- *Rédiger sans complexes*, Michelle Fayet
- *Le commerce équitable*, Tristan Lecomte
- *Comment écrire ses mémoires*, Marianne Mazars
- *L'entretien de motivation*, Patrick de Sainte Lorette et Jo Marzé
- *Le CV et la lettre de motivation*, Patrick de Sainte Lorette et Jo Marzé
- *Tester et développer sa mémoire*, Patrick de Sainte Lorette et Jo Marzé
- *Faites le bilan de vos compétences*, Patrick de Sainte Lorette et Corinne Goetz
- *Savoir prendre des notes*, Renée Simonet et Jean Simonet

Docteur Patrick M. Georges

Gagner en efficacité

Un guide pratique, pour tous, pour tous les jours

Nouvelle édition
Quatrième tirage 2006

EYROLLES

Éditions Eyrolles
61, Bld Saint-Germain
75240 Paris Cedex 05
www.editions-eyrolles.com

Direction de la collection « Eyrolles Pratique » : gheorghi@grigorieff.com
Maquette intérieure et mise en page : M2M
Illustrations : Nicolas Thomisse

Maîtriser son temps et améliorer son intelligence est indispensable dans le monde actuel, que l'on soit employé, indépendant ou cadre. Le Docteur Patrick Georges a déjà aidé des milliers de personnes à atteindre cet objectif par ses séminaires et ses cours. Dans cet ouvrage, il vous livre la méthode simple et facile dont il est l'auteur.

Son approche rationnelle et logique va vous aider à augmenter significativement votre productivité, votre satisfaction au travail par une meilleure gestion de votre temps et de votre environnement.

Il va vous montrer comment :

- Réorganiser votre journée.
- Réorganiser votre bureau.
- Réorganiser vos repas.
- Réorganiser votre agenda.
- Réorganiser votre communication.
- Réorganiser votre résistance au stress.

Tout le monde peut apprendre ceci et se réorganiser pour atteindre ses objectifs. Vous pouvez vous aussi obtenir de très bons résultats dans votre domaine.

L'intelligence organisationnelle

> « Pour augmenter votre intelligence, la génétique, c'est trop tard. L'éducation, c'est trop long. Il vous reste la discipline, l'organisation de votre travail ».
>
> *Docteur Patrick Georges*
> Neurochirurgien

▶ Votre intelligence rationnelle, vous ne pourrez pas l'augmenter.

▶ Votre intelligence émotionnelle, à l'âge adulte, vous ne pourrez que très difficilement la modifier.

▶ Pour augmenter vos résultats vite et bien, l'intelligence organisationnelle est votre solution pratique.

Quand je me suis rendu compte que je voulais être à la fois chirurgien du cerveau et professeur en gestion, j'ai d'abord échoué : j'ai tenté d'étudier la médecine et les sciences économiques en même temps.

Mal organisé, perdu dans les déplacements entre deux campus universitaires, j'ai échoué en sciences politiques, économiques et sociales.

Je me suis concentré sur la médecine et aujourd'hui neurochirurgien, j'opère toutes les semaines de très nombreux malades souffrant de problèmes neurologiques très spécifiques.

Mais j'ai toujours gardé la passion de l'enseignement et de la gestion, de l'intelligence humaine.

J'ai donc décidé il y a dix ans de mieux gérer mon temps et de diviser ma vie en deux, entre neurochirurgie et enseignement, conseils en organisation du travail.

Pour compléter le tout, j'ai accepté la direction d'une unité de gestion d'intelligence à HEC Paris.

J'ai donc étudié les fonctionnements du cerveau, que je connaissais déjà bien par mon métier, j'ai réuni des collaborateurs pour tout lire et classer sur l'intelligence humaine et sur les moyens de l'augmenter par une meilleure organisation.

J'ai ensuite créé l'institut N.E.T. Research avec d'autres professeurs pour appliquer les résultats de ces recherches aux entreprises et collecter une très importante base de données de techniques, issues des recherches scientifiques et dont l'application donne des résultats, des gains de temps, de profit.

Cette semaine de juin 2001, j'ai opéré le jeune Paul d'une importante compression de sa moelle pour qu'il marche à nouveau sans béquille, j'ai opéré quatre autres malades de longues heures, sous microscope, pour libérer délicatement leurs nerfs.

Cette même semaine de juin, j'ai donné deux conférences et un séminaire à des salariés pour les aider à augmenter leur intelligence et leurs résultats, j'ai aussi dirigé deux réunions importantes avec mon équipe et nos clients sur un projet majeur de réorganisation du travail et du pilotage d'une banque.

Une bonne organisation du travail m'a permis de faire tout cela en début de semaine, et de partir en week-end dès jeudi soir avec ma famille.

Dans ce livre, je vais vous résumer et vous présenter quelques-uns des 500 conseils pratiques d'organisation et de gestion du temps que mon équipe et moi-même avons appris et dont nous appliquons une sélection, chacun en fonction de son style. Vous pouvez faire la même chose que nous, sans difficulté, pas sans courage ni motivation.

Nous sommes tous différents

Un manager se lamentait lors du séminaire que je donnais aux cadres d'une grande entreprise : « Je ne saurais jamais m'organiser correctement. Je fais tout ce que vous dites qu'il ne faut pas faire. Je sens effectivement que je pourrais faire mieux. Mais il y a tant à corriger ».

Le programme proposé n'est pas rigide et ne se croit pas valable pour tous. Certains des conseils peuvent même être non applicables ou non utiles dans votre situation actuelle.

Nous avons chacun des rythmes, des façons de faire différentes. Nous avons des contraintes, des métiers qui ne se ressemblent pas. Comment alors adapter ces conseils à chacun ?

De nombreux auteurs se basent sur la psychologie et posent des questions aux lecteurs. Ils les classent dans des catégories et, à partir de ces catégories, ils leur demandent d'adapter le programme.

> Notre méthode est plutôt de laisser jouer votre intelligence et de vous demander de sélectionner vous-même 10 à 20 % des conseils comme pertinents pour votre personnalité, pour votre métier, pour votre situation actuelle.
>
> Soyez flexibles et appliquez l'un ou l'autre des conseils en fonction des situations.

Sommaire

Préambule

C'est important

La plupart des personnes qui ont des responsabilités ou des ambitions travaillent en moyenne 10 heures par jour.

Beaucoup d'entre elles désirent :

- soit faire le même travail en 8 heures pour gagner 2 heures de loisir par jour ;
- soit continuer à travailler 10 heures par jour mais en produisant plus dans le but d'atteindre un objectif.

Voici des techniques simples pour arriver à ce résultat, avec plus de profit, avec moins de stress.

Avertissement

Ces conseils ne sont pas tous applicables, en même temps, par la même personne.

Nous n'en connaissons aucune qui les applique tous. Seuls quelques athlètes de la performance intellectuelle, avant et durant une période de travail particulièrement difficile – leurs Jeux Olympiques – les appliquent dans leur ensemble.

Il faut donc que vous vous limitiez à appliquer quelques-uns de ces conseils, que vous choisirez pour leur pertinence par rapport à votre situation.

Ces conseils sont destinés à la qualité d'ensemble de l'organisation du travail. Il ne faut pas chercher à les appliquer aveuglément et totalement, mais plutôt à vous rapprocher peu à peu des conseils que vous aurez choisis. La perfection n'est pas de ce monde et il n'y a pas de perfectionniste heureux.

D'où viennent ces conseils

Ce guide est issu du séminaire que je donne depuis dix ans à mes étudiants, qu'ils soient de jeunes universitaires, des professionnels en poste, ou des cadres d'entreprise. En 10 ans, j'ai eu la chance de pouvoir dialoguer longuement avec plus de 10 000 d'entre eux. Ce sont eux qui m'ont fait formuler correctement mes pensées et mes recherches et qui m'ont obligé à les transformer en conseils simples. Ce sont eux qui ont impitoyablement éliminé tous les conseils que je croyais brillants mais qui n'étaient en réalité d'aucune utilité sur le terrain.

Ces conseils viennent de 10 ans d'expérience de travail avec des managers, avec des responsables, avec des gens qui pilotent leur vie.

L'organisation du travail intellectuel est un savoir encore jeune. Il s'appuie sur les sciences de l'intelligence et sur ce que l'on sait du fonctionnement du cerveau.

Ces conseils sont des trucs qui marchent pour beaucoup d'entre nous, des vérités opérationnelles, plus qu'une science pure et dure.

Peu à peu, par l'avancée des recherches sur l'intelligence, on découvre que ces conseils de bon sens ont très souvent une base rationnelle, scientifique.

Et si vous voulez nous contacter

N'hésitez pas... **pgeorges@arcadis.be**

Remerciements

Je remercie particulièrement la société N.E.T. Research, société de formation au management, installée à Bruxelles, et Chantal Dickers – cdickers@arcadis.be – qui m'ont aidé dans l'organisation des séminaires et cours que je dirige dans les Hautes Écoles de Commerce, les Universités ou pour les entreprises.

Mes remerciements vont à Bertrand Moingeon, Directeur de HEC Management à Paris, qui a lancé ces cours au sein de sa prestigieuse école et au Docteur Didier Du Boullay qui m'assiste dans la formation.

Nous remercions enfin les employés managers des sociétés suivantes qui ont répondu à nos enquêtes et qui nous ont fourni les exemples cités.

Alleanza Salute	Modafil
Alliance Santé	Novo Nordisk
Alliance Unichem	Novotel
Bandeirante Energia SA	ONEM-RVA
Dassault	Origin
DHL	Patek Philippe
Disneyland Paris	Pemex Belgacom
Eurocontrol	Carrier
Financière de Belgique	Citibank
Firmenich	Crédit Suisse
Hewlett-Packard	Philips
IBM	Promod
Ippa Banque	Rhodianyl
ISS Europe	SAP
Bangkok University	Siemens
Banque Cantonale	Unilever, Hartog-Union
Vaudoise	Unilever, Iglo-Ola
Baxter	United Broadcasting
KBC	Corporation
La Suisse Assurance	
Loders Croklaan	

Comment utiliser ce guide ?

1. À qui s'adresse ce manuel ?

Ce guide s'adresse à toutes les personnes qui travaillent et aux professionnels.

Un professionnel, comme un neurochirurgien, un pilote d'avion, un cadre d'entreprise, doit avoir une bonne organisation de son travail. Trop de personnes, trop d'enjeux dépendent d'eux et de la façon dont ils s'organisent.

2. Décidez d'un plan de progrès

Un plan de progrès en six étapes est nécessaire pour votre réorganisation et pour augmenter votre intelligence.

Étape 1.   D'abord organiser votre santé physique,

Étape 2.   puis votre santé mentale,

Étape 3.   ensuite votre bureau,

Étape 4.   puis votre journée,

Étape 5.   ensuite vos priorités et vos objectifs.

Étape 6.   Et, enfin vos relations.

3. Lisez rapidement les conseils et classez-les

Faites un choix de seulement quelques conseils que vous appliquerez scrupuleusement pendant 3 mois.

D'après notre expérience, vous éliminerez 50 % des conseils donnés dans ce manuel. Ils ne vous sont pas applicables, vous ne les jugez pas utiles ou vous les appliquez déjà en routine. Vous transmettrez 30 % des conseils à votre équipe pour un usage collectif. Seulement 20 % des conseils seront jugés utiles et applicables dont 5 % seront classés A.

Utilisez la classification suivante pour chaque conseil

☐ **E** pour Éliminer
Ne s'applique pas à vous, ou vous l'appliquez déjà.

☐ **T** pour Transmettre
Conseil valable pour d'autres. Donnez des pistes à
vos collègues et collaborateurs pour qu'ils puissent appliquer ce conseil.

☐ **C** pour Classer
Décidez d'appliquer le conseil en cas de besoin, pour un effort spécial.

☐ **A** pour Agir
Appliquez ce conseil à partir de maintenant.

Reportez vos choix en fin de volume dans l'aide-mémoire « votre plan d'action » :

■ Les 3 conseils A que vous avez décidé d'appliquer immédiatement.
■ Les 6 conseils C que vous avez décidé d'appliquer à l'occasion et en fonction des circonstances.
■ Les 12 conseils T que vous avez décidé de proposer dans votre entreprise.

4. Lisez le descriptif et les exemples d'application de chacun des conseils que vous avez retenus

Chaque conseil est décrit en détail et illustré avec des exemples vécus pour vous aider à les appliquer.

5. Faites l'exercice John Star

Lisez l'agenda de votre collègue John et trouvez ses erreurs d'organisation.

6. Que faire pour obtenir des résultats rapides ?

1. Bien définir ce que vous voulez dans la vie professionnelle. Écrivez en une page quelle est pour vous la journée idéale dans cinq ans. Que voudriez-vous que l'on dise de vous quand vous quitterez votre poste ?

2. Choisissez six critères ou indicateurs mesurables de réussite profession-nelle et six critères individuels.

3. Commencez par appliquer une bonne discipline de santé.

4. Équipez-vous : répondeur, bureau avec porte, agenda de poche, au besoin ordinateur portable.

5. Choisissez 6 à 12 conseils et appliquez les strictement pendant 3 mois au moins.

6. Vous êtes manager : réunissez votre équipe et décidez ensemble d'appli-quer 6 conseils communs et de mesurer 6 indicateurs de performance communs.

Bon courage !

Docteur Patrick M. Georges

pgeorges@arcadis.be

Vous pouvez améliorer votre intelligence

Votre intelligence est très puissante, mais elle a des faiblesses, des limites. Elle vous tend des pièges. Pour mieux les comprendre, divisons l'intelligence en grandes fonctions.

Évitez les pièges de l'attention et de la perception

Votre attention et votre perception sont très limitées. Il faut donc vous concentrer et ne faire qu'une chose à la fois.

Surtout agir ou décider, il faut choisir, on ne peut pas bien faire les deux à la fois.

C'est ce que l'on apprend à tous les professionnels comme, par exemple, les neurochirugiens ou les golfeurs.

Il y a des moments pour décider ce que l'on va faire et des moments pour faire ce que l'on a décidé, pour agir, sans constamment remettre en question les décisions, les objectifs.

Le neurochirurgien planifie son opération au chevet du malade. Mais durant l'opération, il se concentre pour faire un geste parfait. Le golfeur prépare son mouvement sans bouger, mais quand il lâche ses muscles, quand le mouvement est parti, il ne réfléchit plus, il frappe.

Il n'y a pas de bonheur entre l'instant et l'éternité : c'est comme si notre cerveau ne pouvait bien gérer qu'une seule unité de temps à la fois, soit le présent, soit le passé, soit le futur.

Dès que nous faisons quelque chose au présent tout en pensant encore un peu au passé et déjà un peu au futur, nous sommes stressés, moins productifs.

Évitez les pièges de votre mémoire

Votre mémoire à court terme est très limitée, en temps et en contenu. Votre mémoire à long terme a aussi ses faiblesses, elle classe parfois les informations n'importe où.

Il faut donc répéter souvent, lire à haute voix pour éviter ces faiblesses.

Évitez les pièges du langage

Notre langage rend possible la communication, mais il la fausse aussi. Il faut souvent confirmer ses paroles pour être sûr d'être bien compris. Beaucoup de métiers utilisent un jargon, un langage contrôlé qui évite les malentendus, comme dans les communications entre pilotes et tour de contrôle.

N'hésitez pas à faire répéter par votre interlocuteur ce qu'il a compris de votre discours.

Évitez les pièges du stress

Notre cerveau ne peut traiter qu'un cinquième des informations qui lui parviennent. Le stress est donc naturel. Mais trop de stress diminue votre intelligence. Si vous ressentez des signes du stress, méfiez-vous de vos jugements et de vos décisions et prenez de la distance avec votre travail.

Évitez les pièges du jugement

Nous avons deux intelligences en nous. Nous avons une intelligence ancestrale, réflexe, rapide, automatique qui suit des règles simples. Ce qui est beau est bon, ce qui est différent est dangereux, ce qui est visible est important, ce qui est permanent est important... et bien d'autres.

Ce sont des règles efficaces quand il faut traiter vite beaucoup d'informations. Mais il faut avouer que ce ne sont pas des règles très fines.

Nous avons heureusement une intelligence plus fine, plus lente qui, après analyse, peut nous dire le contraire de notre intelligence automatique. Elle nous dit : « ce qui est différent est riche, ce n'est pas parce que c'est visible que c'est important, ce n'est pas parce que c'est beau que c'est bon »... Des conflits en perspective.

Notre environnement peut favoriser notre usage de l'une ou de l'autre.

Nous activons notre intelligence fine quand nous avons le temps et quand l'environnement est favorable à ce type d'intelligence.

Il suffit quelquefois d'augmenter la vitesse des informations, le stress pour qu'une personne qui était en mode jugement fin passe en mode intelligence automatique.

Bien comprendre ceci est important pour comprendre votre intelligence et celle des autres.

Qu'est ce que l'Intelligence Organisationnelle ?

Tous les conseils que nous venons de voir sont des conseils d'intelligence organisationnelle. Ce sont des conseils pour organiser intelligemment son travail. Cette intelligence organisationnelle complète notre intelligence rationnelle – notre capacité de raisonnement – et notre intelligence émotionnelle – notre capacité de relation.

L'intelligence organisationnelle, c'est la capacité à atteindre un objectif, en utilisant au mieux ses ressources, en évitant les obstacles et en décidant d'adapter son comportement.

Pour une intelligence maximale, les objectifs doivent être suffisamment élevés, les ressources doivent être utilisées au maximum, les obstacles difficiles doivent êtres contournés et les changements doivent être rapides.

Nos ressources sont nos informations, notre temps, notre environnement de travail. Nos obstacles sont les éléments du monde dans lequel nous évoluons. Vivre, c'est décider constamment des changements à faire pour s'adapter aux changements de notre environnement.

Il est important de se fixer des objectifs clairs, d'augmenter la productivité de ses ressources, de prévoir les obstacles et de changer rapidement si l'obstacle bouge, c'est-à-dire de décider.

> L'Intelligence Organisationnelle a pour but de vous aider à augmenter vos chances d'atteindre vos objectifs. Elle va donc s'intéresser à la fixation des objectifs et à l'optimisation de l'utilisation des ressources.

© Eyrolles Pratique

Première partie
Les conseils

Chaque conseil en une ou deux pages

Des exemples vécus par vos collègues

Des conseils pour ...

... votre santé physique

... votre santé mentale

... l'aménagement de votre espace de travail

... l'organisation de votre travail quotidien

... vos objectifs et vos priorités

... votre travail en équipe

Conseils pour votre santé physique

La santé, c'est important

Être en bonne santé physique est indispensable à tout plan de progrès. Sans une bonne santé physique, inutile de penser à augmenter votre productivité. Commencez par régler ce point.

Si vous avez une mauvaise nutrition, si vous avez un mauvais sommeil, si vous buvez trop fréquemment de l'alcool, si vous ne faites aucun exercice physique et si vous vous soignez mal, vous aurez plus de difficulté à atteindre de bons résultats.

Voici quelques exemples de conseils en nutrition, en exercices physiques et en sécurité physique.

Organisez votre régime alimentaire

Un petit-déjeuner de reine, un déjeuner de princesse, un dîner de pauvre

Votre apport nutritif doit être concordant avec le moment de vos dépenses en énergie. C'est quand vous commencez la journée que vous devez manger le plus. C'est quand vous l'avez finie que vous devez manger le moins.

Un petit-déjeuner consistant, notamment avec des céréales, apporte les sucres lents nécessaires à éviter l'hypoglycémie d'avant le déjeuner.

Si votre déjeuner est retardé et que votre petit-déjeuner n'a été constitué que d'une tasse de café, il y a de fortes chances pour que vous ressentiez, dès midi, une lassitude et une perte de dynamisme intellectuel, due à l'hypoglycémie.

Un déjeuner lourd provoque, par les efforts de digestion, une somnolence due à la redistribution du sang en faveur du tube digestif et en défaveur du cerveau.

La méthode anglo-saxonne, avec un petit-déjeuner très consistant et un déjeuner léger, est donc plus favorable pour le travail intellectuel que d'autres méthodes de nutrition.

Malheureusement, vous devrez souvent choisir entre le plaisir et la productivité ! A vous de voir.

Que faire en pratique ?

▶ **Exemple 1 –** « ... J'essaie de garder un poids normal : autant de kilos que le nombre de centimètres au-delà du mètre de ma taille. C'est une règle simple et qui me permet de me sentir bien. Pour cela, j'ai une discipline stricte : peu de sauces, peu de fritures, peu d'alcool... »

▶ **Exemple 2 –** « ... Je mange du chocolat noir. J'ai lu dans une revue scientifique que le chocolat noir contient des éléments essentiels à l'équilibre... »

▶ **Exemple 3 –** « ... J'ai remarqué que quand j'ai faim, je travaille moins bien, je suis plus agressif, plus nerveux. Je prends donc souvent la précaution de prendre un bol de céréales le matin avant de partir... »

▶ **Exemple 4 –** « ... Je déteste cette lassitude après un déjeuner au restaurant. J'évite cette habitude pour garder une après-midi efficace. A midi je mange ces sandwichs que je me suis fait le matin. Pour un Directeur Général, cela étonne. Mais j'aime étonner mes collaborateurs ! ... »

VOTRE CLASSIFICATION POUR CE CONSEIL

☐ **E pour Éliminer**	☐ **T pour Transmettre**
☐ **C pour Classer**	☐ **A pour Agir**

Mettez un bloc-notes sur votre table de chevet.

Avant de dormir, notez-y vos désirs,

vos intentions, vos soucis. Vous dormirez mieux !

Un sommeil bien organisé pour un bon sommeil

Le sommeil est une suspension réversible de notre vigilance. Durant le sommeil, nous classons les connaissances que nous venons d'apprendre dans notre mémoire à long terme. C'est donc une activité importante qu'il vous faut bien organiser comme votre journée.

Notre gène Clock, récemment découvert, règle notre durée et notre horaire naturel de sommeil. Nous sommes du matin ou du soir, nous sommes de petits ou de gros dormeurs. Inutile d'essayer de changer, il vaut mieux découvrir naturellement notre rythme et nous y adapter.

Couché et levé toujours à la même heure, même le week-end. Apprenez à connaître votre horaire idéal de sommeil, c'est votre gène Clock qui l'a fixé.

Il faut éviter les excitants (café, thé, alcool) avant d'aller dormir et toutes les activités qui font monter la température du corps (exercice physique, repas lourd). Il faut attendre au moins deux heures entre ces activités et le sommeil.

Un bain tiède et une tasse de tisane peuvent faciliter l'endormissement, surtout s'il s'agit d'un rituel qui signale à notre corps que le moment est venu pour dormir.

Le rythme du sommeil change avec l'âge. Après 55 ans, nous revenons à un sommeil morcelé, nuits courtes et siestes. C'est normal, il ne faut pas s'inquiéter de ce changement.

Les insomnies d'endormissement sont dues à la nervosité générée par les événements de la journée et les insomnies de seconde partie de nuit sont souvent le signe d'une dépression sous-jacente.

✋ Que faire en pratique ?

▶ **Exemple 1 –** « *... Sauf rares exceptions je me couche tous les jours à 22 heures 30 et je me lève à 6 heures même le week-end. J'ai besoin de cette régularité, c'est mon rythme naturel que j'ai trouvé après plusieurs essais... »*

▶ **Exemple 2 –** « *... Je fais toujours le bilan, le check-out de la journée avant d'aller au lit. Toujours la même cérémonie, sans cela j'aurais des difficultés à m'endormir... »*

VOTRE CLASSIFICATION POUR CE CONSEIL	
☐ **E pour Éliminer**	☐ **T pour Transmettre**
☐ **C pour Classer**	☐ **A pour Agir**

Bouger vos muscles est important, même si vous êtes un travailleur intellectuel

15 minutes d'exercice physique à la fin du travail, tous les jours

L'activité intellectuelle appelle une activité physique. Un équilibre doit s'établir entre l'activité neuronale et l'activité musculaire.

Si vous ne bougez pas vos muscles volontairement, c'est comme si vous priviez votre cerveau de mouvement. Il va donc faire bouger vos muscles, même sans votre consentement.

Et votre cerveau a le contrôle de certains muscles sans votre accord ! Par exemple, les muscles de l'estomac, les muscles du cou, les muscles de votre pied quand vous le balancez rythmiquement et inconsciemment durant une discussion animée ou en cas de nervosité.

Si votre cerveau contracte les muscles de votre cou, vous aurez mal au cou et mal à la tête, une barre au-dessus des yeux. S'il contracte les muscles de l'estomac alors qu'il n'y a pas de nourriture dedans pour compenser l'acide produit par les contractions, alors vous aurez mal à l'estomac.

Il est donc conseillé de faire bouger ses muscles régulièrement... et significativement, c'est-à-dire de faire un peu de gymnastique ou de sport directement après le travail.

Que faire en pratique ?

▶ **Exemple 1 –** « ... *Je passe toujours 45 minutes au club de gymnastique après le travail. Cela marque la transition entre ma vie de travail et ma vie privée...* »

▶ **Exemple 2** – « ... *Dès que je suis rentré chez moi, je fais toujours 20 minutes de gymnastique et puis je prends une douche. Je suis alors en forme, presque comme un matin...* »

VOTRE CLASSIFICATION POUR CE CONSEIL

☐ **E** pour Éliminer   ☐ **T** pour Transmettre

☐ **C** pour Classer   ☐ **A** pour Agir

Buvez moins d'alcool

Consommez très peu d'alcool

L'alcool éthylique est un toxique bien connu du système nerveux, surtout en prise chronique.

L'alcoolisme mondain, assez fréquent chez les cadres, consiste en l'absorption du toxique de manière régulière dans des buts sociaux ou dans le but de consommations occasionnelles euphorisantes, pour oublier un peu ses soucis.

Malheureusement, si la prise de toxique est supérieure à un demi-litre de vin par jour, ou presque tous les jours, des effets neurologiques vont apparaître avec notamment une diminution de votre capacité de jugement.

Boire ou travailler, il faut choisir.

Boire du café, fumer, boire de l'alcool... est-ce pour un plaisir ou est-ce une dépendance symptomatique d'une mauvaise organisation de votre vie. Comment le savoir ?

Faites le test des 3 semaines : « Avez-vous des dépendances ? ».

C'est très simple. Arrêtez l'habitude que vous pensez être une dépendance pendant trois semaines. Si vous tenez le coup, c'est que c'est sans doute vraiment un plaisir. Si vous ne tenez pas trois semaines sans, c'est alors probablement une dépendance qui doit s'étudier.

Que faire en pratique ?

▶ **Exemple 1** – « ... *Je mange toujours trois olives avant de boire du vin ou de la bière. J'ai entendu dire que la couche huileuse créée par les olives sur les parois de l'estomac diminue la résorption de l'alcool et donc le niveau d'alcool dans le sang...* »

▶ **Exemple 2** – « ... *J'aime bien boire un verre. Mais je pratique l'alcoolite des protestants plutôt que l'alcoolose des catholiques. Dans les pays catholiques, souvent viticoles, on boit tout le temps mais on n'est jamais vraiment saoul. En revanche dans les pays protestants, on boit de façon aiguë, une fois à l'occasion, mais alors on se saoule. La prise aiguë d'alcool est nettement moins dangereuse pour le cerveau que la prise chronique...* »

▶ **Exemple 3** – « ... *Un verre d'eau, un verre de vin, un verre d'eau, un verre de vin et jamais plus de trois verres de vin par jour. Je respecte religieusement cette règle. J'ai vu trop de mes collègues se dégrader autour de moi...* »

VOTRE CLASSIFICATION POUR CE CONSEIL

☐ **E pour Éliminer**	☐ **T pour Transmettre**
☐ **C pour Classer**	☐ **A pour Agir**

Ce qui est beau est bon

Soignez votre présentation

Ce n'est pas, à vraiment parler, un conseil de santé physique, c'est un conseil d'aspect physique.

Nous savons par de nombreux travaux en intelligence humaine, qu'en absence de critères objectifs, plutôt que de ne pas juger, nous utilisons des critères subjectifs pour juger.

Par exemple, si nous ne connaissons pas une personne qui nous demande de lui accorder confiance pour un achat, nous allons analyser ses vêtements pour essayer de deviner si nous pouvons lui faire confiance ou non.

Une étude récente a montré qu'un client va regarder attentivement et plus longtemps que nécessaire la montre et les chaussures du nouveau banquier qui lui propose un service. Les auteurs en déduisent qu'en l'absence d'information rationnelle sur le vendeur, le client va chercher des indices – même non pertinents – de la qualité du vendeur. Et c'est donc sur son aspect physique qu'il va préjuger du vendeur.

L'autre étude bien connue est celle où l'on demande à des personnes de juger des qualités morales d'une personne dont ils ne peuvent voir que des photographies. La tendance générale est d'attribuer des valeurs morales plus hautes aux personnes des photographies qui sont soignées, propres et belles.

Une autre étude démontre que les personnes ont plus tendance à croire ce qui est imprimé que ce qui est simplement écrit.

Une autre étude encore montre que nous jugeons comme plus intelligentes des personnes – que nous ne connaissons pas – mais qui sont grandes et minces alors que nous préjugeons moins intelligentes des personnes petites et grosses...

Alors que ce sont deux choses totalement différentes !

✋ Que faire en pratique ?

▶ **Exemple 1** – « ... *Je prends toujours grand soin de mon aspect physique, de mon maintien, de ma démarche et de mes vêtements. Je sais que cela a un impact certain sur la qualité de mes relations professionnelles...* »

▶ **Exemple 2** – « ... *Je soigne la qualité de ma montre et de mes chaussures. Je ressens très vite le regard de mes prospects sur ces deux objets. J'ai l'impression qu'ils me jugent à cela...* »

▶ **Exemple 3** – « ... *Ce qui est beau est bon. Je soigne particulièrement les documents que je produis. Même les documents internes...* »

VOTRE CLASSIFICATION POUR CE CONSEIL

☐ **E pour Éliminer**   ☐ **T pour Transmettre**

☐ **C pour Classer**   ☐ **A pour Agir**

ÉTAPE 2
Conseils pour votre santé mentale

La santé mentale, c'est important

La plupart des professionnels sont en bonne santé physique. Le point précédent est donc, en général, vite réglé.

En revanche, beaucoup de personnes souffrent de surcharge de travail et de stress. Des techniques de bonne santé mentale devront donc être appliquées.

Un cerveau humain reçoit cinq fois plus d'informations qu'il ne peut en traiter. Le travail moderne est continu, fragmenté et repose sur des informations incertaines. Ces conditions font que travailler est très souvent stressant et le stress peut rendre idiot.

Voici quelques conseils pour augmenter votre résistance au stress.

Prenez le thé à 17 heures. Gardez « religieusement » un bref rendez-vous avec vous-même, tous les jours

Organisez une pause privée par jour

Organisez une pause rituelle de 20 minutes chaque après-midi.
Une fois par jour, en fin d'après midi, planifiez une courte pause dans votre journée de travail. Cette pause doit être organisée à heure régulière et s'accompagner d'une activité privée et protégée des interruptions.

Deux civilisations connues pour leur flegme et leur contrôle, les Anglais et les Japonais, ont dans leur culture le même *Zeitgeber*, nom allemand de cette habitude. C'est la cérémonie du thé.

La cérémonie du thé est un *Zeitgeber* typique. Il s'agit d'une pause à heure fixe qui s'accompagne d'une activité — boire le thé — immuable et parfaitement organisée.

Bien entendu, il faut adapter ceci à votre culture et vous pouvez remplacer la cérémonie du thé par l'écoute d'une pièce de musique, la lecture de quelques pages d'un livre, une courte sieste...

La pause devrait idéalement durer 20 minutes afin de pouvoir être suffisamment longue pour avoir le temps de se couper de l'agitation.

Le respect des heures fixes de la pause est important. C'est à cette condition que cette pause pourra servir de *Zeitgeber*, de donneur de temps à votre cerveau.

Respecter le cérémonial et le rituel de la pause est aussi important. Ils caractérisent l'événement et lui donnent sa force comme pacificateur de votre cerveau.

La méthode est simple à mettre en œuvre.

D'abord choisir l'activité, la petite cérémonie que vous désirez pratiquer, qui convient à vos goûts et à votre culture.

Décidez de l'heure que vous allez bloquer pour elle chaque jour.

Notez la comme un vrai rendez-vous dans votre agenda.

Prendre la résolution publique de pratiquer ceci pendant au moins 3 mois.

Après trois mois d'effort, l'habitude sera prise et intégrée.

Pour rappel, cette pause doit être calmante. Ce n'est donc pas lire le journal ou discuter avec un collègue.

👋 Que faire en pratique ?

▶ **Exemple 1 –** « *... Si vous lisez les biographies des grands hommes, des grands capitaines d'industrie, vous remarquerez que dans leurs activités quotidiennes, ils ont presque tous organisé au moins un Zeitgeber.*

Ceux-ci peuvent prendre des formes très diverses comme une courte promenade, une tasse de thé, un moment d'isolement à heure fixe. Ces petites pauses protégées, en cassant le rythme infernal de la journée donnent une certaine relativité aux problèmes qui nous entourent... »

▶ **Exemple 2 –** « *... On me dit souvent : " Mais comment peux-tu à 17 heures précises t'arrêter pendant 20 minutes pour boire une tasse de thé au milieu de tous nos problèmes ? ". Je réponds que l'homme qui n'est pas capable de s'arrêter 20 minutes par jour n'a pas compris le jeu de la vie et des affaires. On donne beaucoup trop d'importance à ce que l'on fait. Le jour où je ne serai plus là, l'entreprise tournera aussi bien et je serai vite remplacé.*

L'année passée, je suis parti pour un cours de trois semaines à l'université.

Le premier jour, j'ai reçu trente fax, le dernier jour plus rien ! Mon département avait vite pris l'habitude de travailler sans moi.

Je pense donc que m'arrêter 20 minutes par jour pour me relaxer n'est pas catastrophique... »

▶ **Exemple 3 –** « *... Le respect de mon Zeitgeber quotidien est pour moi une excellente image de marque en tant qu'homme qui peut maîtriser son temps. La meilleure période pour planifier ces Zeitgeber est probablement l'après-midi quand les problèmes n'ont cessé de s'accumuler et que la fatigue se fait sentir... »*

▶ **Exemple 4 –** « ... J'ai placé mon Zeitgeber à 17 heures 30 et je l'ai organisé sous forme d'une courte séance de gymnastique... »

▶ **Exemple 5 –** « ... Je pense que les Zeitgeber doivent être très privés, très protégés, très solitaires afin d'être réellement des pauses relaxantes. Il ne peut pas s'agir de la lecture de son journal ou d'une réunion. Il faut vraiment casser le flux des affaires afin de prouver la relativité des problèmes... »

▶ **Exemple 6 –** « ... Le fait d'avoir mon Zeitgeber et de ne jamais oublier de m'arrêter à 17 heures, m'aide à prendre de l'altitude par rapport aux problèmes. Durant ma cérémonie du thé, je pense à autre chose, je me concentre sur ce que je fais. Quand je repose ma tasse, j'ai une vision différente des problèmes. Je n'ai pas d'explication à ce phénomène, mais cela fonctionne ! A quelques rares occasions, je n'ai pas pu boire mon thé, je le ressens tout de suite comme un manque.

▶ **Exemple 7 –** « ... Comme je n'aime pas le thé, j'ai choisi comme Zeitgeber de lire 10 pages des essais philosophiques que j'aime. Je choisis souvent une salle de réunions éloignée pour m'isoler. Mes collaborateurs considéraient ceci comme excentrique et j'ai failli abandonner. Mais j'ai décidé que c'était ma personnalité et très vite ils ont respecté cette habitude, cette autorité que j'avais sur l'usage de mon temps... »

▶ **Exemple 8 –** « ... Pour moi, mon Zeitgeber me sert à contrôler mon stress, c'est une sorte d'ancrage dans ma journée. Par sa présence, il m'apporte un peu de certitude, car le stress c'est surtout la quantité d'incertitude dans l'environnement... »

VOTRE CLASSIFICATION POUR CE CONSEIL

☐ **E pour Éliminer**   ☐ **T pour Transmettre**

☐ **C pour Classer**   ☐ **A pour Agir**

> **Soyez plus organisé et appliquez une discipline. Le stress, c'est l'incertitude. Une bonne organisation personnelle réduit l'incertitude**

Ayez une solide organisation personnelle !

Le stress est dû à la quantité d'incertitude dans notre environnement. Nous ne pouvons pas changer cette quantité, sauf en changeant d'environnement. Si votre entreprise introduit le payement à la performance, l'incertitude de votre environnement augmente. La seule chose que vous puissiez faire c'est de changer d'entreprise, ce qui aura pour effet d'augmenter aussi l'incertitude dans laquelle vous vivez.

La seule méthode pour augmenter votre certitude, c'est d'organiser strictement votre travail, votre journée, votre agenda, c'est de bien gérer votre temps.

Cette certitude que vous introduisez dans votre vie vous aidera à résister au stress.

✋ Que faire en pratique ?

▶ **Exemple 1 –** « … Je suis un créatif dans une agence de publicité. Le stress de la page blanche chaque matin est énorme. Comme beaucoup de créatifs, que l'on croit, à tort, souvent désorganisés, j'ai une discipline de travail de fer : levé à la même heure, même habitude de commencer le travail, même organisation de mes papiers et de mes sources. C'est ma façon de lutter contre le stress. Je réintroduis par ma volonté, par mon organisation, un peu d'ordre, de certitude dans ce monde chaotique qu'est cette grande agence… »

▶ **Exemple 2 –** « … *Pour résister au stress, je me suis créé des certitudes. J'ai dix principes de vie que je respecte presque toujours. Cela me donne une structure, une stabilité de vie…* »

VOTRE CLASSIFICATION POUR CE CONSEIL

☐ **E pour Éliminer**   ☐ **T pour Transmettre**

☐ **C pour Classer**   ☐ **A pour Agir**

Vivre, c'est résoudre des problèmes. Ne soyez pas stressé parce que l'on vous demande de vivre !

Développez votre propre philosophie et écrivez-la

La vie n'est pas un jardin de roses. Les problèmes succèdent aux problèmes. Une sagesse bien construite, un état d'esprit, une philosophie sont nécessaires pour bien vivre. Certaines personnes adoptent une philosophie toute faite, d'autres personnes plus indépendantes élaborent la leur.

Mais pour que cela marche, il faut pratiquer.

✋ Que faire en pratique ?

▶ **Exemple 1 –** « … *Je lis un passage des philosophes grecs tous les matins pendant 10 minutes…* »

▶ **Exemple 2** – « ... *Bien que je dirige une importante société infor-matique, je dois dire que je suis intéressé par le bouddhisme qui est plus un mode de vie qu'une religion. Je lis beaucoup de textes sur le sujet et je médite régulièrement. Mais ne le dites pas à mon conseil d'administration ! ...* »

▶ **Exemple 3** – « ... *Chaque semaine, j'écris en première ligne de mon agenda une maxime qui me fait réfléchir et qui me remet les pieds sur terre... Je lis toujours avec plaisir le résumé de la biographie de ce grand Président dont la nomination a été précédée de si nombreux échecs, et ma journée en est éclairée...* »

VOTRE CLASSIFICATION POUR CE CONSEIL

☐ **E** pour Éliminer ☐ **T** pour Transmettre

☐ **C** pour Classer ☐ **A** pour Agir

Écrivez vos propres 10 commandements. C'est le seul moyen de trier efficacement et rapidement le trop d'informations qui vous inonde

Si vous avez des objectifs, vous devez avoir des limites

Nous sommes naturellement ambitieux, nous voulons progresser. Nous désirons mieux, tout et tout le temps. C'est bien, c'est indis-pensable au progrès de l'humanité, mais c'est aussi dangereux. Une personne peut se tuer de stress. Ce cas extrême est peu fréquent, mais, par contre, beaucoup souffrent de trop de désirs. Une trop grande maison et des dettes, un poste élevé et ne plus voir sa famille, les exemples sont nombreux.

Un peu de bons sens pour être heureux : il faut désirer ce que l'on a, ou juste un peu plus.

Mais il faut quand même s'améliorer et se développer, c'est-à-dire désirer ce que l'on n'a pas. Le secret est de trouver le bon équilibre, le bon taux de progression, de stress qui donne la joie d'avancer mais sans trop souffrir.

J'appelle cet équilibre le point « S », entre bon et mauvais stress, entre ne rien désirer et tout désirer.

Le point « S », c'est la qualité idéale d'incertitude dans votre environnement, celle qui maximise vos résultats.

La plupart des professionnels se fixent donc des limites à ne pas dépasser, des principes de travail. Ils y dérogent de temps en temps mais peu souvent. C'est leur garde-fou contre le stress, contre cette partie de leur ambition qui rend malheureux.

✋ Que faire en pratique ?

▶ **Exemple 1 –** « … J'ai écrit noir sur blanc mes 10 principes de qualité de vie. Je vous donne des exemples : jamais de travail le dimanche, jamais de travail après 20 heures, jamais plus de deux nuits hors de mon lit par semaine, pas de prise d'alcool plus d'une fois par semaine…

Je ne respecte pas toujours ces principes, mais j'y déroge de moins en moins souvent… »

▶ **Exemple 2 –** « … Dès que je sens un signe de stress, une baisse de qualité de ma vie, je renonce à quelque chose. Apprendre à renoncer formellement à certains désirs, à certains projets, à certaines responsabilités, c'est ma condition du bonheur… »

▶ **Exemple 3 –** « ... Je voulais tout faire. J'ai appris à limiter mes désirs. Je sais que le bonheur c'est de désirer ce que l'on a mais je ne suis pas un moine. J'ai donc fixé des limites à mes ambitions : je veux ce que j'ai actuellement plus 5 à 10 % par an. C'est ma bonne pente de progrès. Je garde des ambitions mais j'en suis moins malade... »

VOTRE CLASSIFICATION POUR CE CONSEIL

☐ **E** pour Éliminer   ☐ **T** pour Transmettre

☐ **C** pour Classer   ☐ **A** pour Agir

Utilisez les techniques de concentration des professionnels. Ne pensez qu'à ce que vous voyez. Voyez qu'il y a quelque chose à faire. Faites-le. C'est tout !

La concentration est la meilleure façon d'augmenter votre intelligence

Bien se concentrer sur une tâche est le plus sûr moyen d'augmenter vos résultats. C'est aussi un excellent moyen de vous protéger du stress.

Rester bien concentré plus de 20 minutes sur une même chose comme s'il n'y avait qu'elle dans votre vie n'est pas facile, il faut s'entraîner.

✋ Que faire en pratique ?

▶ **Exemple 1 –** « *… Quand je suis à une affaire, j'ouvre son tiroir. Et je le referme toujours avant d'en ouvrir un autre. Quand je ferme tous les tiroirs, le sommeil me vient…* »

▶ **Exemple 2 –** « *… J'utilise la technique du tennis, je garde toujours l'œil sur la balle…* »

▶ **Exemple 3 –** « *… En opérant mes malades, pour me concentrer, je pense uniquement à faire ce qu'il est important de faire à cet instant, sans souci du passé ni du futur. Agir ou décider, il faut choisir, on ne peut pas faire les deux choses en même temps…* »

▶ **Exemple 4 –** « *… J'ai une technique qui marche très bien. Je regarde et je me concentre uniquement sur ce qui est dans mon champ visuel, je vois ce qu'il y a à faire. Je le fais. C'est tout…* »

VOTRE CLASSIFICATION POUR CE CONSEIL

☐ **E pour Éliminer**	☐ **T pour Transmettre**
☐ **C pour Classer**	☐ **A pour Agir**

> **Organisez votre second métier, votre passion, votre art, votre discipline, votre sport.**
> **Il vous faut une citadelle, un refuge qui dépende peu de l'argent et des autres**

Organisez-vous un second métier

Il faut trois pattes à un tabouret. A une femme ou à un homme, il faut trois piliers : le métier, la famille et un second métier.

Votre vie professionnelle et vos satisfactions dépendent de beaucoup de facteurs que vous ne contrôlez pas. Les ventes, l'humeur du patron... Quand ils vont bien, vous allez bien, quand ils vont mal, vous allez mal.

Votre deuxième dépendance, c'est la famille, les autres, vos amis, vos relations... le paradis ou l'enfer.

Pour se prémunir de ces montagnes russes, parfois très désagréables, la plupart des personnes s'organisent un troisième pilier pour soutenir leur vie. Un second métier dont ils ont nettement mieux le contrôle et où ils peuvent plonger en cas de tempête à la surface.

C'est une passion, un art, une religion, un sport ou carrément un autre métier, nettement moins sensible aux facteurs externes que leur métier officiel.

Pour que ce second métier soit réellement protecteur de votre bonheur, il faut qu'il réponde à certaines caractéristiques.

Cela doit être une vraie seconde profession, pas seulement un passe-temps ou un hobby. Vous devez y être connu, en faire profession.

Ce second métier doit être le plus indépendant possible de l'argent et des autres afin que vous n'y éprouviez pas les mêmes désagréments que dans votre premier métier.

⚐ Que faire en pratique ?

▶ **Exemple 1 –** « ... Je suis cadre d'entreprise mais aussi un des spécialistes en France de la peinture hollandaise du 16ème siècle, j'écris des articles sur le sujet et je me fais rémunérer occasionnellement pour mon expertise... »

▶ **Exemple 2 –** « ... Je suis juriste mais j'ai un second métier qui me passionne, je restaure d'anciens bateaux à voile et je les revends. J'y consacre un jour par semaine, tous les jeudis... »

▶ **Exemple 3 –** « ... Moi, c'est le jardinage. Quand je suis dans mon jardin à tailler les roses, mon entreprise n'existe plus... »

▶ **Exemple 4 –** « ... Je ne me présente jamais par mes activités rémunérées, je ne dis jamais au début que je suis Directeur Financier de TFA. Je me présente toujours d'abord comme un voyageur passionné écrivant des articles gastronomiques pour une revue locale... »

▶ **Exemple 5 –** « ... Quand on me demandait de me présenter sans parler de mon métier et de ma famille, je ne savais jamais quoi dire. Je n'avais pas d'existence propre en dehors des autres. J'ai donc décidé d'exister, de créer un troisième pilier pour assurer ma vie. C'est devenu mon second métier. Mais je ne vous dirai pas ce que c'est, je l'exerce sous un autre nom... »

VOTRE CLASSIFICATION POUR CE CONSEIL	
☐ **E pour Éliminer**	☐ **T pour Transmettre**
☐ **C pour Classer**	☐ **A pour Agir**

**Éteignez vos lampes rouges immédiatement.
A chaque intention, une décision.
Faites quelque chose pour chaque lampe rouge qui
s'allume dans votre tête.
Éliminez plus ! 50 % des messages qui vous arrivent
ne sont pas faits pour vos intérêts.**

A chaque intention, une décision

Vous êtes sans doute surpris par cette expression « lampe rouge ».

Une lampe rouge, c'est une information que vous recevez et qui crée en vous un désir d'action, un désir de faire quelque chose, une intention. C'est, en quelque sorte, déjà un souci car en général vous ne pouvez pas immédiatement réaliser cette intention, vous ne pouvez pas faire suivre cette pensée immédiatement d'une action. Or penser sans agir, c'est une des premières causes de l'angoisse humaine.

Chaque fois que, durant la journée, vous avez une intention, une idée, un désir, prenez immédiatement une décision et engagez une action pour éteindre cette lampe rouge qui s'est allumée dans votre tête.

Les idées, les intentions qui, à chaque minute, apparaissent dans notre tête, sont comme des lampes rouges, des soucis, qui encombrent notre mémoire. Après une longue journée de travail, nous rentrons à la maison, illuminés comme un arbre de Noël par les lampes rouges que nous avons dans la tête. Ce fond permanent de préoccupations, de soucis, cette légère angoisse de base dégrade notre qualité de vie.

Comment faire pour éteindre ces lampes rouges, pour diminuer cette angoisse naturelle ?

Il faut une solide discipline ! Il faut lier à chaque intention, à chaque idée qui surgit dans notre cerveau, une décision et une action.

Prenons un exemple simple. Le traitement de vos messages papier qui arrivent sur votre bureau. Cet exemple est tout aussi valable pour les messages électroniques et les messages vocaux.

La discipline est de ne prendre qu'une seule fois le message en main et de ne pas le lâcher sans avoir pris une décision et agi. Le challenge est d'arriver en moins d'une minute à décider ce qu'il faut en faire.

Pour y arriver, il faut simplifier la décision à prendre et la réduire à un simple choix entre quatre corbeilles, quatre possibilités où déposer ce message.

La méthode est de se poser une suite logique de trois questions auxquelles il devrait être simple de répondre par oui ou par non dès la lecture du message.

Vous remarquerez que c'est selon cette méthode, suggérée depuis le début de ce guide, qu'il faut traiter tous nos conseils.

La première question à se poser est la suivante. Est-ce que ce message, cette information est importante, est-ce qu'elle est importante pour mes objectifs, pour ma mission ? Est-ce que le désir que ce message vient de créer dans ma tête est utile pour mes objectifs ?

Si la réponse est non, le message doit être effacé, le papier jeté physiquement, c'est la corbeille **E** pour Éliminer.

Si la réponse est oui, ce message est important, il faut se poser la deuxième question.

Est-ce que c'est moi personnellement qui doit réagir à ce message ? Y a-t-il quelqu'un qui puisse agir mieux ou pour moins cher que moi et à qui je puisse faire faire ce que ce message demande de faire ? En d'autres mots, est-ce que ceci peut être délégué ?

Si la réponse est non, ce n'est pas moi qui suis le mieux placé, le message sera mis dans la corbeille **T**, pour Transmettre.

Si la réponse est oui, je dois agir personnellement, il faut se poser la troisième question.

Dois-je réagir immédiatement, est-ce réellement urgent ?

Si la réponse est non, le message est déposé dans la corbeille **C**, à Classer dans l'agenda, dans l'échéancier.

Si la réponse est oui, le message est déposé dans la corbeille **A**, Agir, à faire ce jour, à insérer dans votre agenda du jour.

Éliminer est de loin la première action à envisager. Les études montrent que 50 % des messages qui arrivent sur un bureau, qu'ils soient électroniques ou papier ou par voix, sont du « courrier pourri » pour traduire l'expression américaine « junk mail ». Ce sont des messages destinés à créer des désirs, des besoins d'action. Ils sont destinés à diriger votre cerveau, à voler votre temps pour satisfaire les buts de quelqu'un d'autre. Ils tentent par leur apparence de vous faire faire ce que vous n'avez pas prévu de faire dans vos buts.

La seconde action à envisager est de Transmettre : 30 % des messages que vous recevez seraient avantageusement délégués comme le montre une étude récente.

© Eyrolles Pratique

Vous n'êtes simplement pas la meilleure personne pour traiter ce message. Il existe une autre personne dans votre entreprise qui bénéficierait plus de cette information.

La troisième action à envisager est de Classer pour plus tard : 15 % des messages correspondent en général à cette catégorie.

Et seulement 5 % des messages qui vous arrivent devraient être suffisamment importants pour que vous changiez votre ordre du jour.

Bien sûr, ces statistiques varient d'un métier à l'autre. Elles ont été enregistrées sur une population de cadres moyens typiques.

Que faire si vous avez une cinquième corbeille : j'hésite, je garde sous le coude. Que faire si vous ne savez pas décider ?

Ces lampes rouges, gardées quelque part dans un coin de votre mémoire, sont dangereuses. Elles n'ont pas trouvé leur exutoire sous forme d'une décision, d'une action et donc créent des soucis. Elles créent une anxiété latente.

Vous devez d'abord améliorer vos procédures d'élimination, c'est crucial. Apprenez à dire non, à renoncer !

1. Que faire pour mieux éliminer ?
« Avoir une religion » !

Bien définir ce que vous voulez dans la vie, ce qui pour vous est le bien et ce qui est le mal.

Quels sont vos objectifs, à un an et à trois ans ? Quelles actions, procédures vous conduiront à les atteindre et quelles attitudes vous en éloigneront ?

Si vos objectifs sont mal définis vous serez une proie toute indiquée pour les tireurs d'élite qui vous enverront quelques lampes rouges bien placées dans le cerveau et vous vous précipiterez dans leur magasin ou dans leur bureau pour faire leur travail, pour acheter ce qu'ils veulent vous vendre.

Avoir une « religion », une discipline, crée un filtre à informations, une grille de valeurs.
Cette grille de valeurs permet de savoir rapidement où est le bien et le mal, s'il faut aller à cette réunion ou non, s'il faut répondre à cette demande ou non...

Ce filtre est indispensable pour ne pas être noyé sous le flot d'informations. Cette grille de valeurs est souvent écrite en une page sous forme de dix commandements. Elle est gardée à portée de main et consultée en cas d'indécision.
Créer sa propre « religion » est d'autant plus indispensable que vos désirs, et ceux qui les créent en vous, sont de plus en plus efficaces.

Le marketing devient très fort et vos collègues savent tourner un message suffisamment bien pour vous faire réagir. De nombreux besoins que vous considérez comme naturels sont tout à fait artificiels.

Les personnes qui n'ont pas su définir clairement ce qu'elles veulent dans la vie et écrire leurs dix commandements vont devenir les jouets des autres et vont faire ce que leur environnement veut qu'elles fassent. Elles se retrouvent à la fin de la journée sans avoir vraiment fait un pas vers leurs objectifs.

Si vous n'y parvenez pas, essayez l'élimination par obsolescence !

Créez des poubelles provisoires qui seront vidées tous les mois. Ainsi vous n'hésiterez plus à jeter une invitation. Si vous avez un remords, elle est toujours là, dans votre poubelle provisoire.

Dans les logiciels modernes, vous pouvez régler les moments où le contenu de votre poubelle électronique sera vidé.

© Eyrolles Pratique

2. Vous êtes cadre. Que faire pour mieux transmettre, pour mieux déléguer, pour mieux faire faire ?

Le manque de délégation est un problème économique important car les salaires accordés pour « faire faire » sont plus importants que ceux accordés pour « faire ».

Si une personne est payée pour faire faire et qu'elle continue à faire à la place de ses collaborateurs, c'est une fameuse perte d'argent.

On a pu constater que des cadres payés à 150 euros de l'heure passaient plus de la moitié de leur temps à des tâches à 50 euros de l'heure.

Une première raison du manque de délégation est une faible résistance au stress de celui qui devrait déléguer.

Les études montrent que certaines personnes ne savent absolument pas passer du stade de faire à celui de faire faire, ne savent pas passer du stade d'opérateur à celui de manager.
C'est essentiellement une question de capacité individuelle à résister au stress.

En effet, passer de la position de faire à celle de faire faire, c'est-à-dire de gérer des hommes et des projets plutôt que de gérer des faits et des choses est extrêmement stressant.

Passer du stade « faire » au stade « faire faire », triple l'incertitude de la personne.

Certaines résistent et s'adaptent, d'autres pas.

Si vous avez une faible résistance au stress, votre réflexe sera de faire vous-même en prenant souvent comme prétexte l'incapacité des collaborateurs ou le manque de personnel.

Ici, la seule recommandation est de bien se connaître et de savoir si l'on a de bonnes capacités de résistance au stress et donc si l'on est capable de faire faire, de déléguer.

Une seconde raison de l'incapacité à déléguer est l'absence de personnes à qui déléguer.

Les études démontrent que la première raison, l'incapacité personnelle à déléguer, est bien plus fréquente que la seconde, l'insuffisance d'assistance. De nombreux exemples où un assistant a été engagé ont montré que le problème n'était pas résolu par le cadre, qui continuait à faire lui-même le travail.

3. Que faire pour mieux classer ?

Si le message est bien transformé par l'envoyeur en lampe rouge urgente, vous risquez de bousculer votre emploi du temps pour une affaire qui aurait été aussi bien planifiée un autre jour. 80 % des urgences sont de fausses urgences pour vous, de vraies urgences pour vos collègues.

✋ Que faire en pratique ?

▶ **Exemple 1 –** « … *En tant que Président de cette organisation, je reçois beaucoup plus d'informations que je ne peux en traiter, beaucoup plus d'invitations que mon temps ne me permet d'honorer. J'ai donc toujours à portée de main une simple page où j'écris ce en quoi je crois, ce qui est important pour moi à long terme. J'ai appelé cette page mes dix commandements. J'y recours souvent pour trier mes messages et j'ai donc une très bonne utilisation de ma poubelle…* »

▶ **Exemple 2 –** « … *En Suisse, nous appelons une lampe rouge " un singe sur l'épaule ". Par exemple, lorsque l'on me demande au cours d'une conversation de couloir, d'envoyer un document, je retourne automatiquement au demandeur son propre " singe sur l'épaule " en*

lui demandant de m'envoyer un fax, pour me préciser et me confir-
mer sa demande.

Je dégage ainsi mon esprit de devoir mémoriser cette rencontre. Et
en plus, dans un certain nombre de cas, mon interlocuteur occasion-
nel oublie lui-même de faire sa demande ce qui prouve bien le peu
d'importance qu'il y accordait… »

▶ **Exemple 3** − « *… Je pense que la grande cause de l'anxiété humai-*
ne est de penser, donc de désirer sans pouvoir agir.

J'essaye ainsi de lier immédiatement une action à toutes mes pen-
sées, une action qui peut être très simple comme de noter cette idée,
la transmettre oralement, jeter un message physiquement dans la
poubelle.

Le seul fait de bouger mes mains pour écrire ou de bouger mon visa-
ge pour parler donne une suite musculaire à cette pensée neuronale
et donc boucle la boucle, finit ce qui a été commencé. J'éteins mes
lampes rouges au fur et à mesure quelles apparaissent, sans les lais-
ser s'accumuler. Je ne laisse jamais partir un visiteur sans être sûr que
nous avons, tous deux, éteint nos lampes rouges…»

▶ **Exemple 4** − « *… J'ai mis quatre corbeilles sur mon bureau : à jeter*
dans un mois, à transmettre, à classer, à faire.

À 14 heures, je trie mes messages et je les dépose dans une de ces
quatre corbeilles. Si pour certains messages, j'hésite, je relis mes dix
commandements et la hiérarchie de mes objectifs. Cela m'aide beau-
coup quand deux réunions ou travaux sont en conflit.

Avec cette technique, seulement quelques messages par jour provo-
quent chez moi une hésitation. Depuis peu, je fais la même chose
avec mon courrier électronique et j'ai créé les quatre même dossiers.
J'ai ajouté, dans un coin de mon écran, mes objectifs trimestriels… »

▶ **Exemple 5 –** « ... *Je reçois dans mes messages beaucoup d'invitations à des réunions et j'ai souvent la paresse de dire oui car cela me flatte. J'ai l'impression que l'on a besoin de mon avis. Et puis, à passer mon temps en réunions, je m'aperçois que je ne fais plus rien pour mes objectifs personnels à long terme. Je suis devenu inefficace ! Je ne fais plus rien de vraiment important dans la journée. Il est fort difficile de dire non et de s'atteler à son travail solitaire... mais c'est la seule condition de succès...* »

▶ **Exemple 6 –** « ... *C'est finalement une discipline de pensée. Cette technique simple – à chaque intention, une décision A, C, T ou E – est un bon moyen pour moi d'augmenter ma productivité mais surtout ma sérénité. Pour augmenter mon intelligence, je ne peux rien sur ma génétique, pour l'éducation, c'est un peu tard. Il me reste donc la discipline ! ...* »

▶ **Exemple 7 –** « ... *Pour pouvoir appliquer cette technique, ce qui n'a pas été facile, j'ai décidé d'écrire mon filtre à informations, à lampes rouges.*

Pour écrire mes dix commandements, j'ai d'abord dû écrire la charte de ce que je considère comme ma mission personnelle dans la vie, ensuite la charte de ma mission professionnelle pour les cinq prochaines années. J'ai dû imaginer ce que je voudrais que l'on dise de moi à mon enterrement, ce qui sera écrit sur ma tombe. L'homme qui a fait quoi ? Qui a apporté quoi ? J'ai dû imaginer ma biographie idéale, ce qui serait marqué sur la couverture de ce livre pour attirer l'intérêt du lecteur. J'y suis arrivé après deux jours d'isolement à la campagne et un bon carnet de notes.

Tout ceci est devenu une simple page en dix points que je relis chaque fois que je dois prendre une décision qui ne me paraît pas évidente. Je me sens plus efficace, plus serein après cette lecture.

Atteindre les buts que je me suis fixés dans la vie a finalement peu d'importance, ce qui est important pour moi c'est de progresser, de savoir où je vais... »

☐ **E** pour Éliminer   ☐ **T** pour Transmettre

☐ **C** pour Classer   ☐ **A** pour Agir

Variations d'humeur, troubles du sommeil ?
Attention, vous êtes dans le rouge, ralentissez !

Reconnaissez vos signes de stress

Si vous êtes stressé, sachez que vous allez devenir idiot, que vous allez prendre des détails pour des choses importantes. C'est inévitable, il faut juste que vous en soyez conscient.

L'astreinte, c'est la quantité d'incertitude dans votre environnement. Le stress, c'est ce que vous ressentez quand vous êtes soumis à une astreinte. Tout le monde ne ressent pas une même astreinte de la même façon, cela dépend de votre résistance au stress.

L'astreinte, la pression d'un environnement de travail, peut se mesurer. De même que votre résistance au stress peut être appréciée par divers moyens scientifiques.

Gagner en efficacité

Le stress se traduit par des signes tels que troubles de l'humeur – une hyper-réaction aux événements – ou des troubles du sommeil.

Un trop grand stress peut réduire votre capacité de jugement, souvent en réduisant votre perspective, en vous faisant prendre des détails pour des choses importantes.

✋ Que faire en pratique ?

▶ **Exemple 1 –** « ... *Mon premier signe de surcharge de travail, c'est l'irritabilité. Une bonne nouvelle et je bois le champagne. Une mauvaise nouvelle et je me demande ce que je fais dans cette société. C'est comme si il n'y avait plus de lien entre les événements que je vis et l'émotion que j'en ressens...* »

▶ **Exemple 2 –** « ... *Quand la pression est vraiment forte, je dors mal. Je me réveille au milieu de la nuit. C'est mon signal d'alarme. Si ce mauvais sommeil dure plus de deux semaines, je prends toujours la décision de réduire la quantité de travail que je prends en charge. Je ralentis nettement mon rythme, je fais les choses plus lentement, je les fais mieux...* »

VOTRE CLASSIFICATION POUR CE CONSEIL

☐ **E pour Éliminer**   ☐ **T pour Transmettre**

☐ **C pour Classer**   ☐ **A pour Agir**

ÉTAPE 3
Conseils pour votre espace de travail

Votre poste de travail, c'est important

En bonne forme ? Continuons alors en réorganisant votre lieu de travail. C'est facile.

Votre environnement de travail influence fortement vos résultats. Un bureau bien organisé vous facilitera la tâche.

Si vous êtes mal éclairé, dérangé constamment, dans le bruit, si vous êtes sous-informatisé, vos résultats ne pourront être que faibles.

Voici quelques conseils de base pour mieux équiper et pour mieux organiser votre bureau.

Nous avons besoin de beaucoup de lumière, sans variations.

Augmentez l'éclairage les jours gris

Un nombre significatif de personnes, qui peut atteindre 30 % d'une population d'entreprise, sont sensibles aux saisons et aux variations d'ensoleillement. Leur humeur, leur moral et leur productivité varient en fonction de la quantité de lumière ambiante.

Certaines dépressions sont induites par un manque de lumière et une photothérapie a souvent des effets bénéfiques sur ce type de trouble de l'humeur.

Pour ces personnes, un éclairage artificiel augmenté doit compenser une baisse de luminosité naturelle l'hiver et les jours de pluie.

🖐 Que faire en pratique ?

▶ **Exemple 1 –** « ... *Je sais que je suis assez sensible au temps qu'il fait et que mon humeur et mes résultats peuvent en dépendre. Je fais donc toujours attention à avoir régulièrement ma dose de soleil...* »

VOTRE CLASSIFICATION POUR CE CONSEIL

☐ **E pour Éliminer**   ☐ **T pour Transmettre**

☐ **C pour Classer**   ☐ **A pour Agir**

Remplacez les lumières de plafond par des lumières de bureau si vous travaillez sur écran. Les reflets sur les écrans sont néfastes ! Pas de fenêtres sans stores orientables dans un bureau avec ordinateurs

Placez bien votre écran

L'ergonomie des écrans d'ordinateur nous apprend quelques trucs. Si vous travaillez plus d'une heure par jour sur ordinateur, il faut respecter certaines règles du placement de l'écran sur votre bureau.

Pas de lumière venant du plafond, elle se refléterait sur l'écran dont la position idéale est de 12° en arrière.

Pas de « point fortement lumineux » dans votre champ visuel, autre que celui de votre écran. Une fenêtre et un écran font très mauvais ménage dans le même champ visuel.

Placez le haut de l'écran à la hauteur de vos yeux, placez l'écran juste en face de vous... Il existe de très nombreuses normes de confort et d'efficacité.

Demandez-les aux spécialistes de votre entreprise.

Que faire en pratique ?

▶ **Exemple 1** – *« ... J'ai fait photocopier dans un livre d'ergonomie un tableau reprenant les six grandes règles du bon placement d'un écran d'ordinateur sur un bureau. J'ai fait diffuser ce tableau à tous nos employés. Après m'être assuré qu'ils avaient la possibilité technique de respecter ces règles... »*

▶ **Exemple 2** – *« ... Je place toujours mon écran perpendiculairement à la fenêtre et je mets le bord supérieur de l'écran à hauteur de mes yeux... »*

VOTRE CLASSIFICATION POUR CE CONSEIL

☐ **E pour Éliminer**	☐ **T pour Transmettre**
☐ **C pour Classer**	☐ **A pour Agir**

Vous êtes souvent sous-éclairé.
Achetez votre propre lampe de bureau

Travaillez sur un bureau bien éclairé

L'éclairage plafonnier est souvent insuffisant pour vous donner la lumière nécessaire (aux alentours de 500 lux). Pour effectuer des travaux fins (lecture de tables de chiffres, de petits textes...), achetez votre propre lampe de bureau pour être sûr d'avoir un éclairage suffisant. La plupart des études ergonomiques montrent que beaucoup de bureaux sont sous-éclairés.

Un sous-éclairage provoque des erreurs multiples de lecture, notamment dans les tables de chiffres.

Un photomètre est utilisé pour mesurer la lumière sur votre surface de travail par les ergonomes d'entreprise. Les résultats sont comparés à des normes, et des solutions vous seront proposées par ces spécialistes.

✋ Que faire en pratique ?

▶ **Exemple 1 –** « ... J'ai acheté une très bonne lampe de bureau et j'ai demandé au spécialiste du magasin de me choisir une ampoule et un curseur qui me permettent d'avoir 500 lux sur une petite surface de travail quand j'ai besoin de me concentrer, surtout si ce sont des chiffres ou des petits textes... »

VOTRE CLASSIFICATION POUR CE CONSEIL

☐ **E** pour Éliminer	☐ **T** pour Transmettre
☐ **C** pour Classer	☐ **A** pour Agir

© Eyrolles Pratique

Organisez votre espace de travail par tâche, par activité, par objectif

Une activité, un bureau

L'efficacité d'une personne qui occupe un bureau « orienté-tâche » est plus grande que si elle était assise à son bureau personnel.

Un bureau « orienté-tâche » est un bureau qui n'appartient à personne mais qui organise et favorise un travail bien précis. Toute personne compétente qui s'y installe va y trouver les informations nécessaires pour l'aider à réussir parfaitement cette tâche.

Organisez sur votre bureau des zones de travail, avec un siège pivotant.

Que faire en pratique ?

▶ **Exemple 1 –** « ... Mon bureau a trois ailes bien séparées, une zone vide pour la tâche courante, une zone ordinateur et une zone où j'étale mes papiers pour les garder en vue... »

▶ **Exemple 2 –** « ... À la maison, j'ai plusieurs postes de travail. Un coin pour la comptabilité, un coin pour la lecture, un coin pour la musique. Je me déplace en fonction de ce que j'ai à faire... »

VOTRE CLASSIFICATION POUR CE CONSEIL

☐ **E pour Éliminer**   ☐ **T pour Transmettre**

☐ **C pour Classer**   ☐ **A pour Agir**

Pendez un tableau blanc en face de votre bureau.

Si c'est dans votre champ visuel, c'est important !

Accrochez un tableau blanc en face de votre bureau

Loin des yeux, loin du cœur. Inversement, ce qui est visible et permanent est important.

Voilà deux règles de base du traitement des informations par notre intelligence. Mettre dans votre champ visuel ce qui est important pour vous constitue donc une bonne méthode. Si ce qui est important pour vous c'est votre emploi du temps, alors il faut inscrire clairement votre emploi du temps sur ce tableau blanc en face de votre bureau.

✋ Que faire en pratique ?

▶ **Exemple 1** – « ... *Je dois pouvoir voir, je dois avoir dans mon champ visuel, ce qui est important pour moi. Je serai d'autant plus influencé par une information qu'elle sera visible de manière permanente...* »

▶ **Exemple 2** – « ... *J'affiche toujours ce qui est important, dans les bureaux, dans les usines. Si les gens voient les choses, ils y pensent...* »

VOTRE CLASSIFICATION POUR CE CONSEIL

☐ **E pour Éliminer**	☐ **T pour Transmettre**
☐ **C pour Classer**	☐ **A pour Agir**

Un visage humain dans votre champ visuel et votre intelligence est perturbée

Voici deux conseils qui découlent de cette constatation scientifique

Travaillez dos-à-dos et pas face-à-face avec vos collègues. Désolé, mais vous vouliez être plus productif à certains moments...

Ne signez jamais en face du vendeur. Votre intelligence n'est pas à son mieux dans ces circonstances.

Pas de visages en vue

S'il y a un visage dans votre champ visuel, votre efficacité diminue. Ceci est bien connu depuis les expériences faites avec des employés placés différemment dans le bureau et dont on compare l'efficacité à accomplir un travail bien contrôlable.

Les perturbations sont différentes si le visage est constamment dans votre champ visuel ou s'il n'est que de passage. Mais les perturbations sont toujours présentes.

Beaucoup de personnes se placent donc à 90° par rapport à leurs collègues, dans les coins d'un carré de bureau. Elles n'ont donc pas de visages en vue, mais, s'il faut se parler, une simple rotation de la chaise les met en position de conversation.

Des employés utilisent même une sorte de code. S'ils sont à 90°, face au coin, ils ne désirent pas être dérangés. S'ils ont un peu tourné leur chaise pour se trouver à 45° de leur collègue, c'est qu'ils sont disposés à parler, à être interrompus.

✋ Que faire en pratique ?

▶ **Exemple 1 –** « ... *J'ai un bureau vitré et je peux voir toutes les personnes qui passent. Je dis souvent que cela ne me distrait pas. Mais je sais que je mens. Je sais que cela perturbe mon travail quand je dois me concentrer...* »

▶ **Exemple 2 –** « ... *J'ai remonté un peu ma cloison pour ne plus voir tout le temps mes quatre collègues. Je travaille un peu plus vite et mieux. Cela m'a fait gagner le temps nécessaire pour pouvoir rentrer chaque soir un peu plus tôt chez moi...* »

▶ **Exemple 3 –** « ... *Faites l'exercice suivant. Lors de votre prochain passage dans un magasin, quand vous avez choisi l'article que vous désirez, ne payez pas, sortez du magasin pour faire un petit tour.*

Dans près de 1/4 des cas, vous ne reviendrez pas dans ce magasin pour acheter l'article que vous étiez pourtant prêt à payer. Le vendeur, le magasin sont conçus pour vous faire perdre votre jugement... »

VOTRE CLASSIFICATION POUR CE CONSEIL

☐ **E pour Éliminer**   ☐ **T pour Transmettre**

☐ **C pour Classer**   ☐ **A pour Agir**

Si vous devez faire un travail important, protégez-vous. Pas de voix, pas de visages, pas d'interruptions. Fermez votre porte de temps en temps. Être aimé ou être respecté, on ne peut pas toujours avoir les deux. Protégez-vous des interruptions deux heures par jour ! Une interruption, c'est vingt minutes de perdu pour vous

Protégez-vous des interruptions

Les interruptions de votre travail par des appels téléphoniques ou par des visites impromptues diminuent nettement votre efficacité et votre productivité, surtout pour les tâches intellectuelles de haut niveau.

Le stress est aussi augmenté par des interruptions soudaines et imprévues comme les sonneries de téléphone ou les bips d'avertissement.

Protégez-vous de toute interruption pendant au moins 20 % de votre temps. Réservez une ou deux matinées par semaine pour votre politique de porte fermée, téléphone sur répondeur.

Pendant ces périodes protégées à haute productivité, planifiez l'étude des dossiers difficiles demandant une bonne concentration et une réflexion à long terme.

Les interruptions sont générées autant par votre propre niveau d'accessibilité que par les autres.

De bonnes études montrent que dans un bureau porte fermée, vous serez interrompu en moyenne toutes les 24 minutes. Si vous ouvrez votre porte vous serez interrompu en moyenne toutes les 12 minutes et si vous travaillez en bureau paysager, ce sera toutes les 6 minutes.

Les interruptions dépendent aussi de la culture. Les cadres japonais sont, en moyenne, interrompus deux fois moins souvent que leurs collègues américains.

Ce ne sont donc pas vraiment les urgences qui génèrent les interruptions de votre travail, mais plutôt la façon dont vous vous protégez.

La plupart des travailleurs se protègent de manière passive. Soit en arrivant très tôt ou en partant très tard, avant ou après que le téléphone sonne, soit encore en travaillant le week-end, chez eux, pour être sûr de ne pas être dérangés. Vous constaterez rapidement que votre productivité est quasi doublée quand vous travaillez chez vous, par rapport au même travail effectué au bureau.

La protection active est de se protéger pendant les heures de bureau en se faisant respecter, en fermant sa porte et en branchant son répondeur automatique. Ceci pendant une à deux demi-journées par semaine.

Que faire en pratique ?

▶ **Exemple 1** – « ... *Tous les mercredis matins, je ne vais pas au bureau, je reste chez moi et je travaille réellement.*

Je consacre ce temps protégé à un projet critique et à long terme dont je suis responsable.

Je suis ainsi certain de ne pas être dérangé... »

▶ **Exemple 2** – « ... *Dans notre équipe de quatre personnes, nous nous sommes organisés pour nous protéger mutuellement à certaines périodes bien précises de façon à avoir chacun 20 % de notre temps protégé des interruptions, pour faire du vrai travail et avancer rapidement dans certains dossiers importants.*

L'un de nous est de garde pour les appels entrants et nous retournons, sans faute, tous nos appels téléphoniques dans les 24 heures.

Nos clients savent qu'ils seront rappelés et n'hésitent plus à laisser un message au lieu de vouloir parler à l'un de nous immédiatement.

Nous essayons aussi d'éviter les interruptions croisées entre collègues proches.

Nous avons la discipline d'attendre la courte réunion quotidienne pour nous transmettre les informations. Nous appelons ceci le respect du travail de l'autre... »

▶ **Exemple 3 –** *« ... Dans notre équipe chirurgicale, nous organisons une visite quotidienne des familles des patients opérés, de 18 à 19 heures. Nous avons diffusé largement cette information et les familles des patients ont naturellement réduit leurs interruptions durant nos consultations car ils savent qu'il y a une période précise pour téléphoner... »*

▶ **Exemple 4 –** *« ... La politique de la porte ouverte est en régression dans notre entreprise.*

Il est bien sûr vrai que cette culture permet une bonne communication mais son coût en terme de productivité est trop élevé. Il y a donc un équilibre à trouver entre productivité et communication. 20 % du temps protégé nous semble correspondre à cet équilibre.

La culture veut que, si un collaborateur a fermé sa porte, il ne faut pas l'ouvrir ou lui téléphoner. Il désire se concentrer et travailler. En revanche, s'il a ouvert sa porte, il est prêt à être interrompu bien volontiers... »

▶ **Exemple 5 –** *« ... La technique de brancher son répondeur téléphonique doit être bien contrôlée. Vous privilégiez vos performances intellectuelles mais la personne qui vous appelle est toujours un peu déçue de ne pas vous avoir eu en ligne. Cette technique du répondeur est parfaitement tolérée si vous avez la discipline de rappeler tous vos correspondants dès que votre période protégée a pris fin.*

Si cette confiance s'est instaurée, vos correspondants apprendront vite à parler aussi bien à votre répondeur qu'à vous-même...»

▶ **Exemple 6 –** *« ... Dans notre entreprise, nous avons fait une enquête sur les raisons d'interruptions en dehors des vraies urgences. Nous avons constaté que 80 % des interruptions auraient pu attendre une prochaine réunion ou faire l'objet d'un message électronique... »*

▶ **Exemple 7 –** *« ... J'ai réalisé une étude de toutes les interruptions dont je suis l'objet au cours d'une semaine de travail. La plupart de ces interruptions venaient de 3 ou 4 sources bien précises. J'ai donc écrit à ces personnes poliment pour leur signaler les heures pendant lesquelles je pouvais être interrompu sans dommage. Cette simple méthode a fait diminuer de moitié les interruptions dont je souffrais... »*

▶ **Exemple 8 –** *« ... Même à un poste commercial où il faut réagir vite aux demandes des clients, il y a moyen de se protéger régulièrement une bonne demi-journée par semaine afin de produire des plans élaborés de ventes. Nous nous sommes organisés mon collaborateur et moi pour nous protéger mutuellement une demi-journée par semaine. Notre clientèle ne s'en plaint jamais et notre chiffre d'affaires n'a fait que progresser... »*

VOTRE CLASSIFICATION POUR CE CONSEIL

☐ **E pour Éliminer**	☐ **T pour Transmettre**
☐ **C pour Classer**	☐ **A pour Agir**

Protégez-vous des voix ! Elles perturbent fortement votre intelligence

Travaillez sans bruits

Si votre bureau est bruyant et surtout si vous pouvez y entendre des bruits de conversation, votre efficacité intellectuelle sera nettement diminuée.

Organisez votre lieu de travail afin d'obtenir une bonne protection des bruits, surtout des voix et conversations.
Les bruits de voix humaines sont particulièrement dangereux pour l'intelligence humaine, même s'ils sont à peine perçus.

Si l'on prend le cas d'un bureau où quatre personnes travaillent, si l'une d'entre elles reçoit un appel téléphonique, la productivité des trois autres diminue automatiquement, immédiatement et de façon significative.

Les bureaux ouverts ou paysagers sont des tueurs d'intelligence, non seulement les bruits dépassent nettement toutes les normes mais, en plus, des voix humaines sont constamment perçues.

Vos performances intellectuelles peuvent diminuer de plus de 50 % en fonction du bruit et des voix humaines qui sont dans son environnement.

✋ Que faire en pratique ?

▶ **Exemple 1 –** « ... *Nos employés doivent malheureusement travailler dans des bureaux ouverts. J'ai donc fait supprimer les appels généraux par haut-parleur, j'ai fait remplacer les sonneries des téléphones par des alarmes visuelles et je leur conseille de rester chez eux s'ils ont un rapport difficile à terminer, de réserver une petite salle de réunions où ils peuvent s'isoler en dehors de leur place de travail...* »

▶ **Exemple 2** – « ... J'ai remarqué la sensibilité inconsciente du cerveau aux voix humaines par ce que j'appelle l'effet de cocktail. Alors que lors d'un cocktail, je discutais avec l'artiste inaugurant son exposition, j'ai soudain perçu mon nom prononcé par un autre groupe de personnes à l'autre bout de la salle et dont je n'avais aucunement suivi la conversation jusqu'alors. Dès que j'ai perçu mon nom, leur conversation m'est devenue tout à fait claire et perceptible, ce qui n'était absolument pas le cas la seconde auparavant. Un peu comme si mon cerveau disposait d'une veille électronique analysant inconsciemment toutes les voix et n'avertissant ma conscience que si son analyse révélait une information qui pourrait me concerner... »

▶ **Exemple 3** – « ... Notre banque a alloué un bureau pour trois conseillers financiers. Nous avons vite remarqué que lorsque l'un d'eux recevait un appel téléphonique d'un de ses clients, la productivité des deux autres sur leur dossier diminuait de façon marquée pendant le temps de la conversation téléphonique. Nous avons donc décidé que lorsqu'un conseiller financier reçoit un appel d'un client, il prend le téléphone portable et s'isole dans un autre bureau libre pour la conversation... »

▶ **Exemple 4** – « ... Je travaille mieux quand ma voisine de travail est en congé. Quand elle est là, j'entends toutes ses conversations. Cela ne m'aide pas vraiment... »

▶ **Exemple 5** – « ... Je travaille dans un bureau ouvert, je ne peux pas me protéger des voix. Je mets donc des bouchons dans les oreilles. Je m'y suis vite habitué et cela marche très bien, je suis beaucoup plus concentré et efficace quand je les mets... »

▶ **Exemple 6** – « ... Pour me protéger des voix, je mets des écouteurs avec un peu de musique que j'aime ou avec un bruit blanc. Cela marche très bien... »

Première partie : **les conseils**

☐ **E pour Éliminer**   ☐ **T pour Transmettre**

☐ **C pour Classer**   ☐ **A pour Agir**

Achetez-vous un bon ordinateur.
Votre force, c'est votre équipement et vous.
Bloquez une heure par semaine pour connaître mieux
vos logiciels. Votre valeur sur le marché du travail,
c'est vous et vos logiciels

Équipez-vous bien, investissez en vous à la mesure de vos ambitions

Sans devoir acheter les derniers gadgets à la mode, il vous faut un bon équipement. Si vous croyez en vous, il faut investir en vous sans attendre que votre société le fasse à votre place.

Il vous faut les meilleurs logiciels de productivité et une solide formation pour en tirer tous les bénéfices.

Les chasseurs de tête ont l'habitude de coter les salariés pour estimer leur valeur en euros par jour sur le marché du travail. Leur échelle en 1 000 points valorise chacune de vos expériences, chacune de vos capacités. La capacité dont la valeur augmente le plus actuellement sur le marché du travail est votre maîtrise des logiciels personnels ou d'entreprise.

Que faire en pratique ?

▶ **Exemple 1** – « … J'investis en moi chaque année 5 % de mon salaire net, soit en formation, soit en matériel professionnel. Je vaux cet investissement et je crois en moi. Ma société ne peut pas faire tout l'investissement à ma place… »

▶ **Exemple 2** – « … Je suis vendeur dans une grande firme d'ordinateurs et je suis payé en partie à la performance. Je n'ai rien demandé à personne et je me suis fait assister par un télévendeur qui m'obtient mes rendez-vous. Je le paye personnellement. J'ai nettement augmenté ma productivité et donc mes primes. Mon assistant privé me rapporte ainsi deux fois plus qu'il ne me coûte… »

▶ **Exemple 3** – « … Je me suis payé des cours privés d'informatique. J'ai amorti cet investissement en moins d'un an par une augmentation de salaire chez mon nouvel employeur… »

▶ **Exemple 4** – « … Nous payons nettement mieux quelqu'un qui connaît bien les tableurs, les bases de données simples et l'Intranet… »

VOTRE CLASSIFICATION POUR CE CONSEIL

☐ **E pour Éliminer**   ☐ **T pour Transmettre**

☐ **C pour Classer**   ☐ **A pour Agir**

Dégagez votre bureau avant de partir ! Vous travaillerez bien mieux demain sur un bureau vide

Travaillez sur un bureau dégagé

Tout document important, à comprendre ou à rédiger, doit être travaillé sur un bureau dégagé, sur une surface vide de toute autre source d'informations.

La plupart des professionnels qui doivent étudier efficacement un dossier difficile ouvrent ce dossier sur une surface de travail vierge.

Dégagez votre bureau de tout papier autre que celui que vous étudiez. La compréhension et la mémorisation du texte seront meilleures que si vous effectuez la même tâche sur un bureau encombré de documents et papiers.

Tout autre dossier que celui étudié, tout mémo doit être hors de vue. Une surface de travail encombrée distrait et provoque une diminution significative de productivité.

Il en est de même si le document est électronique et étudié sur écran.

Le cerveau humain traite toute information qui entre dans son champ visuel à divers degrés, consciemment ou inconsciemment. C'est une question de survie.

Il traite même les dossiers fermés et laissés sur le coin de votre bureau. Il traite les lettres ouvertes laissées sous le coude à l'extrémité de votre surface de travail. Il traite tout ce qu'il voit, même si vous ne regardez pas spécialement cette chose.

Malheureusement, ses capacités de traitement de l'information sont limitées. Plus les informations apparaissant dans le champ visuel sont nombreuses, plus sa capacité d'attention par source d'information diminue.

Un bureau très encombré peut vous « voler » jusqu'à la moitié de votre intelligence que vous croyez consacrée au document lu ou rédigé.

La surface à dégager est d'environ deux mètres carrés, ce qui correspond au champ visuel d'une personne assise qui regarde sa surface de travail.

Certaines tâches mentales ne demandent pas une concentration aiguë mais plutôt un large champ d'idées. Ainsi, les créatifs des agences de publicité ne suivent pas cette règle du bureau dégagé car leur objectif n'est pas la performance sur une source unique d'informations mais plutôt une pensée flottante, libre, qui couvre de nombreuses sources d'informations. Un bureau dégagé est donc une prescription spécifique à certains métiers, à certaines tâches de concentration.

Certaines sources d'informations sont moins distrayantes que d'autres. Une enveloppe fermée adressée à votre nom sera beaucoup plus voleuse de concentration et d'efficacité que la photo de votre famille, pourvu que vous ayez une situation familiale stable.

🖐 Que faire en pratique ?

▶ **Exemple 1 –** « ... *J'étudie mes dossiers importants sur la table de réunions. Mon bureau est constamment encombré. J'ai remarqué que cette habitude d'emporter le dossier important sur une table vierge me permet une meilleure concentration.*

C'est une intuition qui est partagée par beaucoup de mes collègues... »

▶ **Exemple 2 –** « ... *Je ne quitte jamais mon bureau le soir sans dégager totalement ma table de travail. Ainsi quand je reprends ma place le matin, je commence par les dossiers importants, ouverts sur un bureau encore vierge. Cette discipline est facilitée par le fait que dans*

©Eyrolles Pratique

notre banque comme dans beaucoup d'autres, vider sa surface de travail de tout document avant son départ est une obligation de sécurité... »

▶ **Exemple 3 –** « ... J'utilise un bureau à trois ailes : une aile à ma gauche pour l'ordinateur, une aile à ma droite pour le travail en cours et une troisième surface en face de moi sur laquelle je n'ouvre que le dossier en cours... »

VOTRE CLASSIFICATION POUR CE CONSEIL

☐ **E** pour Éliminer   ☐ **T** pour Transmettre

☐ **C** pour Classer   ☐ **A** pour Agir

ÉTAPE 4
Conseils pour l'organisation de votre travail quotidien

L'organisation de votre travail quotidien, c'est important

Maintenant le cœur du problème : réorganiser votre journée de travail.

La séquence des tâches, le rythme de la journée, la façon dont vous traitez vos messages et dont vous organisez vos priorités influencent votre productivité.

Si vous traitez les messages quand ils arrivent, si vous réagissez rapidement à tout, si vous n'avez pas de méthode pour discerner ce qui est important de ce qui ne l'est pas, votre productivité sera plus faible.

Voici quelques conseils pour bien organiser votre journée.

Répondez moins vite aux questions importantes que l'on vous pose. Moins de trois secondes entre la question et la réponse : erreur assurée. Utilisez votre répondeur téléphonique plus souvent.

Vous êtes plus intelligent si vous avez le temps suffisant entre la question et votre réponse. Lisez et écoutez les messages quand vous le décidez, pas quand ils arrivent. Lisez et répondez aux messages au moment que vous aurez choisi, sauf si vous êtes pompier...

Travaillez déconnecté, utilisez votre répondeur

Quand vous êtes en ligne avec quelqu'un, en conversation au téléphone ou en réunion, votre intelligence a très peu de temps pour réagir, pour répondre aux questions, aux situations.

Quand notre intelligence doit travailler vite, elle ne peut pas travailler bien.

Les circuits neuronaux les plus longs sont les plus lents. En matière d'intelligence, il faut choisir : vite ou bien.

Quand nous travaillons en ligne, nous avons en général moins de quelques secondes entre la question et la réponse. Souvent, la conversation terminée, nous regrettons ce que nous avons dit, nous voudrions corriger, ajouter, faire mieux. Nous avons l'impression que notre vie de travail est un brouillon que nous n'avons jamais le temps ni l'occasion de mettre au propre.

La technique des gens intelligents est simple. Ils analysent d'abord très vite mais superficiellement toutes les informations qui leur arrivent et décident uniquement si c'est important ou pas, sans vraiment répondre. Et si c'est important, ils demandent du temps.

La différence est très nette dans l'expérience où l'on teste des salariés en évaluant la qualité de leur réponse, soit en ligne au téléphone, soit en laissant la question sur le répondeur et en demandant de rappeler pour donner leur réponse dans la journée. La qualité des réponses est significativement meilleure quand la personne a plus de quelques secondes entre la question et la réponse, c'est-à-dire dans la seconde situation, quand le répondeur est utilisé.

✋ Que faire en pratique ?

▶ **Exemple 1 –** « *... Je ne réponds jamais directement à mon téléphone portable sauf pour trois numéros de personnes très importantes* *pour moi. Dans les autres cas, je laisse le répondeur s'enclencher. Mais quelquefois, en fonction du correspondant qui m'appelle et en fonction de ce qu'il me dit dans ses première phrases, j'interromps l'enregistrement et je le prends directement en ligne... »*

▶ **Exemple 2 –** *« ... Je mets mon répondeur automatique au moins deux heures par jour. Mes relations ont très bien compris et l'utilisent. Ils savent que je vais les rappeler à l'heure qu'ils demandent...»*

▶ **Exemple 3 –** *« ... J'ai éduqué la plupart de mes correspondants à laisser sur mon répondeur des messages clairs et précis, avec toutes les données de leur demande. Je peux ainsi les rappeler en leur donnant une réponse réfléchie... »*

VOTRE CLASSIFICATION POUR CE CONSEIL

☐ **E pour Éliminer**	☐ **T pour Transmettre**
☐ **C pour Classer**	☐ **A pour Agir**

Pas de réunions avant 11 heures. Votre intelligence du matin est puissante mais perturbée par les autres

Pas de réunions avant 11 heures

Les travaux scientifiques montrent que les capacités intellectuelles peuvent varier en fonction de l'heure de la journée.

Les tests de mémoire court terme seraient mieux réalisés le matin par une majorité de personnes. La mémoire court terme est notre intelligence la plus haute. Mais elle est très sensible aux distractions, aux interruptions. Il est donc logique de protéger cette forme d'intelligence et de réserver le début de la journée à des tâches qui requièrent une bonne mémoire court terme comme la rédaction de documents, l'analyse de chiffres, la solution de problèmes.

En fin d'après-midi, en revanche, nous sommes souvent fatigués de ce type de travail très difficile et nous apprécions une réunion et la présence des autres qui redonnent la motivation et les stimuli nécessaires à la poursuite de notre journée de travail.

De nombreuses entreprises ont adopté spontanément cette pratique.

✋ Que faire en pratique ?

▶ **Exemple 1 –** « ... *Je préfère les réunions en fin d'après-midi. Les autres m'y redonnent de l'énergie et de la motivation à un moment où j'en ai le plus besoin...* »

▶ **Exemple 2 –** « ... *J'aime commencer ma journée par ce qui demande réflexion, seul au bureau ou par un face-à-face que j'estime difficile. Je garde si possible les réunions pour l'après-midi...* »

VOTRE CLASSIFICATION POUR CE CONSEIL

☐ **E** pour Éliminer	☐ **T** pour Transmettre
☐ **C** pour Classer	☐ **A** pour Agir

Ne commencez pas votre journée par la lecture du courrier. Vos objectifs ont priorité sur ceux des autres

Ne lisez pas votre courrier en arrivant le matin

Beaucoup de jeunes salariés ont tendance à lire leur courrier en arrivant au bureau. Cette mauvaise habitude éduque et habitue notre intelligence à ne fonctionner que si elle reçoit une information externe, car, logiquement, elle pense que nous commençons par l'essentiel.

Si vous commencez la journée par le courrier, vous aurez tendance, quasi inconsciemment, à toujours vous inquiéter d'un courrier qui aurait pu arriver, à toujours laisser votre porte ouverte pour un visiteur éventuel.

Votre cerveau attend des stimuli externes pour fonctionner, vous avez perdu votre libre arbitre, c'est le monde qui pousse sur les boutons de votre cerveau.

Il vaut nettement mieux commencer votre journée par vos propres affaires, par vos propres objectifs, en faisant quelque chose d'important qui souvent ne nécessite pas d'informations nouvelles qui pourraient être au courrier du matin.

Essayez de retarder d'une heure votre lecture du courrier, vous verrez la productivité et la satisfaction de votre journée s'améliorer.

✋ Que faire en pratique ?

▶ **Exemple 1 –** « *... Je consacre toujours la première heure de ma journée à faire une chose importante ou difficile. Au moins cela sera fait... »*

▶ **Exemple 2** – « ... J'ai fait l'essai de cette technique simple. Je fais toujours d'abord une heure de travail chez moi et puis je vais au bureau. J'arrive bien sûr plus tard et cela a choqué certains de mes collègues. Mais les résultats sont là... »

▶ **Exemple 3** – « ... Je pensais au début que cette technique n'était pas pour moi, que mon travail de la journée dépendait trop des informations du courrier du matin. J'ai essayé pendant trois mois et je me suis rendu compte que je pouvais sans aucun dommage retarder la lecture du courrier d'une heure... »

VOTRE CLASSIFICATION POUR CE CONSEIL

☐ **E pour Éliminer**   ☐ **T pour Transmettre**

☐ **C pour Classer**   ☐ **A pour Agir**

Ne sortez pas de votre bureau sans bloc-notes.
N'encombrez pas votre mémoire d'intentions,
elle n'en retient que le stress

Ne sortez pas de votre bureau sans votre « Liste Principale »

De nombreuses idées, lampes rouges, demandes... vont vous assaillir dans les couloirs de votre entreprise, dans les réunions auxquelles vous vous rendez.

Beaucoup de salariés recommandent d'avoir toujours sur soi un petit bloc-notes et d'y noter immédiatement toutes les idées qui vous viennent, au fur et à mesure de leur apparition, sans souci de classification, d'importance ou d'ordre.

Le soir ou en fin de semaine, cette liste est passée au filtre ACTE, à la check-list des quatre questions : à éliminer, à transmettre, à classer, agir.

50 % des idées qui étaient bonnes ou importantes au moment même seront alors sans doute rayées de votre liste. Seules, une ou deux seront à mettre en œuvre.

Si vous êtes le genre de personne qui a une idée toutes les 10 minutes, protégez votre cerveau par une discipline de prise de notes sur votre Liste Principale.

Votre productivité et votre sérénité en seront accrues.

Capturez par écrit toutes les idées, les intentions dès qu'elles apparaissent dans votre cerveau.

🖐 Que faire en pratique ?

▶ **Exemple** « ... *Je note toutes mes idées et mes intentions sur une liste, sans souci de leur importance et dans l'ordre où elles se présentent. Cela décharge ma mémoire et cela me calme. J'en ai plus de 10 par jour de ces idées...* »

VOTRE CLASSIFICATION POUR CE CONSEIL	
☐ **E** pour Éliminer	☐ **T** pour Transmettre
☐ **C** pour Classer	☐ **A** pour Agir

Chaque matin au réveil, choisissez votre Affaire du Jour. Décidez de finir un chose importante avant ce soir

Choisissez chaque matin quelle sera l'affaire du jour pour vous

Faites que chaque jour compte. Une journée de bureau est trépidante et apporte un tas de sujets, de nouvelles et d'interruptions. Si vous n'avez pas la discipline de choisir chaque jour une « Affaire du Jour », à la fin de votre journée, vous n'aurez rien fait d'important.

L'affaire du jour est un dossier, une tâche, un résultat que vous devez avoir fini, conclu, écrit, envoyé, atteint avant de quitter votre bureau le soir.

Les personnes interrogées bloquent en général une heure au moins de la journée à cette affaire. Et cette heure est, en général, placée le plus tôt possible le matin.

Cela vous garantit une productivité et une satisfaction pour cette journée.

Que faire en pratique ?

▶ **Exemple 1** – « ... *Avoir un dossier conclu, avoir une décision prise avant ce soir. C'est important pour moi. Cela me tient focalisé. J'évite ainsi les journées perdues...* »

▶ **Exemple 2** – « ... *J'aime faire une chose importante chaque jour. Je décide chaque matin ce qu'elle sera...* »

VOTRE CLASSIFICATION POUR CE CONSEIL

☐ **E** pour Éliminer   ☐ **T** pour Transmettre

☐ **C** pour Classer   ☐ **A** pour Agir

Commencez votre journée par ce qui est important

Calculez votre productivité en cochant votre liste « A Faire »

Commencez par l'important et partez à temps, vous n'aurez de toute façon jamais fini.

Il y a de toute façon trop de choses à faire. Beaucoup de salariés tiennent donc une liste « A faire aujourd'hui ». Ils commencent par faire ce qui est important pour eux.

✋ Que faire en pratique ?

▶ **Exemple 1 –** « … *Je ne quitte jamais mon bureau le soir sans faire ma liste « A faire » pour le lendemain. Cette petite tâche clôture bien ma journée et j'ai l'esprit plus tranquille quand je rentre chez moi…* »

▶ **Exemple 2 –** « … *J'aime bien faire une liste des choses à faire avant de commencer ma journée. Cela me garantit que je les aurai faites dans la journée, du moins les premières de la liste…* »

▶ **Exemple 3 –** « … *J'ai sur mon agenda de poche une liste « A Faire » où je classe par priorité les tâches à faire dans la journée…* »

▶ **Exemple 4 –** « … *Je ne mets pas les choses à faire dans une liste « A faire » mais directement dans mon agenda, avec une heure de début et une heure de fin.*

La raison pour laquelle des choses ne se font pas est souvent que vous pensez que vous les ferez quand vous aurez un peu de temps. Or, cela n'arrive jamais et les choses que vous voulez faire ne se font pas… »

VOTRE CLASSIFICATION POUR CE CONSEIL

☐ **E pour Éliminer**	☐ **T pour Transmettre**
☐ **C pour Classer**	☐ **A pour Agir**

Faites le point tous les samedis matin.
Notez ce que vous avez fait d'important pendant
la semaine

Remplissez votre « carnet de bord » tous les samedis matin

Vous pouvez utiliser un simple carnet de feuilles blanches où vous noterez vos progrès comme un capitaine de bateau qui fait régulièrement le point sur sa route.

C'est le complément indispensable à un agenda. Indiquez-y ce qui est arrivé et pas ce qui doit arriver. Notez les résultats et non pas les actions.

Cette habitude est utile. Elle permet malheureusement souvent de se rendre compte uniquement que l'on n'a pas grand chose à y noter.

Si l'on n'a rien fait de réellement important dans la semaine, si l'on s'est laissé prendre à s'occuper uniquement des problèmes des autres, les pages restent blanches !

La différence entre le cap que l'on s'est fixé et la réalité donne la volonté de changer, de faire mieux.

🖐 Que faire en pratique ?

▶ **Exemple 1 –** *« … Je tiens mon carnet de bord religieusement. Tous les samedis matins, j'y note ce que j'ai fait d'important pendant la semaine écoulée. Pas la routine, pas ce qui est prévu dans mon métier, mais bien les résultats marquants que j'ai obtenus, les petits pas qui me permettront d'atteindre mes objectifs… »*

▶ **Exemple 2** – « *... A certaines époques de ma vie, je tiens un carnet où je marque, pour chaque journée et en une ligne, en quoi elle a été importante pour moi...* »

▶ **Exemple 3** – « *... J'aime bien faire le point de temps en temps par écrit du chemin que j'ai fait jusqu'à présent dans la vie. Je note les étapes, les acquis, les victoires. C'est toujours mieux que je ne pensais avant de l'avoir écrit...* »

▶ **Exemple 4** – « *... Tous les trois mois, je fais une vérification simple. Je note de dix en dix minutes tout ce que je fais sur quelques jours.*

Je note toutes les tâches qui me prennent plus de 10 minutes. Elles doivent chacune me faire progresser vers un de mes six objectifs. Sinon, j'arrête de les faire ou je leur consacre moins de temps.

Cela me permet de voir ma dérive, comme un capitaine de bateau. En toute bonne foi je crois suivre une route et, en fait, je la suis de moins en moins s'en m'en apercevoir, par la force des choses.

Faire le point une fois par trimestre de la différence entre ce que vous faites réellement et ce que vous avez décidé de faire est lumineux !... »

VOTRE CLASSIFICATION POUR CE CONSEIL

☐ **E pour Éliminer**	☐ **T pour Transmettre**
☐ **C pour Classer**	☐ **A pour Agir**

Trouvez un équilibre entre vos activités de sécurité, de plaisir et de fierté.

Ce sont nos trois grandes motivations

Classez toutes vos journées ou toutes vos activités en trois catégories

Utilisez la classification classique suivante. Une journée est soit :

- Un Jour de Sécurité : c'est une journée d'effort, de travail, de gain d'argent à court terme.
- Un Jour de Plaisir : c'est une journée où vous vous faites plaisir, où vous dépensez.
- Un Jour de Fierté : c'est une journée où vous contribuez à vos objectifs à long terme : formation, lecture, travail à une œuvre, investissement en vous. Ce sont en général des activités non-rémunérées à court terme ou des activités ne coûtant pas beaucoup.

Beaucoup de gens se fixent des objectifs d'équilibre entre ces trois catégories. Allouez surtout un minimum incompressible de temps pour les deux activités des trois que vous pratiquez le moins.

Que faire en pratique ?

▶ **Exemple 1 –** « *... Pour moi c'est simple, je fais 200 Jours de Travail par an pour un patron, pour des clients. Avec l'argent gagné durant ces 200 jours, je m'occupe de moi pendant 100 Jours de Fierté par an et je me paye 65 Jours de Plaisir par an, en général avec ma famille... »*

▶ **Exemple 2** – « … J'ai cessé de m'organiser en semaine de travail, jours de week-end et mois de vacances. La vie moderne n'est plus organisée ainsi.

Premièrement, j'ai des activités de travail qui assurent ma sécurité, mon argent. Deuxièmement, j'ai des activités pour ma fierté, pour moi. Troisièmement, j'ai des activités pour m'amuser, pour être avec les gens que j'aime, pour dépenser. Je garde un équilibre de temps passé entre ces trois types d'activités, de journées... »

▶ **Exemple 3** – « … Mon but dans la vie est d'augmenter très régulièrement le nombre annuel de mes Jours de Fierté et de mes Jours de Plaisir, par rapport à mes Jours de Travail... »

VOTRE CLASSIFICATION POUR CE CONSEIL

☐ **E pour Éliminer**   ☐ **T pour Transmettre**

☐ **C pour Classer**   ☐ **A pour Agir**

La nuit porte conseil. Un conseil de grand-mère, une base scientifique

Dormez avant de décider

Il ne faut pas forcer une décision le soir. Si vous attendez le lendemain pour décider, il est probable que votre décision sera de meilleure qualité.

Durant la nuit, votre cerveau travaille, il classe l'information que vous avez reçue la veille et la rend donc utilisable par votre intelligence. Le lendemain matin, vous avez à disposition plus d'informations, mieux classées, pour prendre votre décision.

Que faire en pratique ?

▶ **Exemple 1 –** « *... Je note le soir avant de m'endormir les décisions que je prends mais je garde ceci pour moi. Je dors toujours sur mes décisions avant de les rendre publiques. Le lendemain, je revois les arguments et je confirme ou non cette décision. J'ai noté que dans 20 % des cas ma décision du lendemain était différente de celle de la veille. J'avais changé d'avis pendant la nuit. Et je crois sincèrement que ces décisions revues le matin étaient meilleures... »*

VOTRE CLASSIFICATION POUR CE CONSEIL

☐ **E pour Éliminer** ☐ **T pour Transmettre**

☐ **C pour Classer** ☐ **A pour Agir**

ÉTAPE 5
Conseils pour vos objectifs et vos priorités

Vos objectifs et vos priorités, c'est important

Vous êtes maintenant bien organisé. Cette bonne organisation de votre travail va vous permettre d'augmenter votre productivité, vos résultats de 5 à 15 %.

Mais au service de quoi ? De quelles ambitions, de quels objectifs ?

Voici finalement quelques conseils pour fixer des objectifs et des priorités.

> **Décidez chaque trimestre de votre Projet Vert.**
> **Faites quelque chose de personnel, de différent,**
> **de risqué chaque trimestre**

Réalisez un Projet Vert tous les trois mois

Une étude montre que les cadres passent 50 % de leur temps à réagir à des informations qu'ils reçoivent, 30 % à agir pour faire leur métier et 20 % de leur temps à des projets personnels, qui ne font pas à proprement parler de leur description de poste.

La notion de Projet Vert est celle de prendre un risque, le risque d'être différent et donc peut être, un peu moins bien aimé, ce qui est insupportable pour certaines personnes. D'où la difficulté d'appliquer cette prescription.

✋ Que faire en pratique ?

▶ **Exemple 1 –** *« … J'ai un grand plaisir dans ma vie, c'est de faire ce que les autres pensent que je ne suis pas capable de faire. Ici, nous appelons cela un Projet Vert. C'est un projet personnel, discret, risqué, que personne ne m'a demandé de faire.*

C'est un projet novateur, de changement, dont je serai fier s'il aboutit. J'y consacre entre 10 et 20 % de mon temps mais pas moins d'une demi-journée par semaine.

C'est un projet qui ne figure pas dans mes responsabilités, pour lequel je ne suis pas payé. S'il réussit, je serai connu comme l'homme qui a osé s'attaquer à ce nouveau marché. J'aime laisser une petite trace dans l'histoire des sociétés où je passe… »

▶ **Exemple 2 –** *« … Il faut parfois choisir entre être aimé et être respecté. J'ai donc décidé, de ma propre initiative et contre l'avis de certains de mes collègues, de simplifier la procédure de facturation… »*

▶ **Exemple 3 –** *« … J'ai inventé une nouvelle façon de présenter nos produits. Je l'ai mise à l'essai depuis trois mois. Mon espoir est qu'après ces premiers succès, plusieurs de mes collègues commencent à faire comme moi… »*

VOTRE CLASSIFICATION POUR CE CONSEIL

☐ **E** pour Éliminer   ☐ **T** pour Transmettre

☐ **C** pour Classer   ☐ **A** pour Agir

Affichez vos objectifs et vos résultats en face de votre bureau ! On ne peut améliorer que ce que l'on peut mesurer

Affichez votre tableau de bord personnel en face de votre bureau

Dès que l'on chronomètre une course, l'homme court plus vite. Mesurer une activité entraîne souvent une augmentation de productivité qui peut aller jusqu'à 25 %.

« Si vous mesurez, cela sera exécuté » est une expression populaire de bon sens.

Achetez un tableau blanc. Accrochez-le sur le mur en face de votre bureau.

Mesurez et affichez très visiblement les 6 chiffres les plus importants pour vous, ceux que vous devez connaître pour piloter votre vie professionnelle. Pour cela, choisissez 6 paramètres mesurables qui expriment directement ou indirectement vos résultats, six indicateurs sur lesquels vous aimeriez être jugé et payé.

Affichez ces 6 chiffres en face de votre bureau afin qu'ils ne puissent pas vous échapper, chaque fois que vous entrez dans votre bureau. Six chiffres sont suffisants mais doivent être bien choisis et bien répartis.

A vous de choisir les 6 chiffres qui dans votre métier donnent une réponse à ces questions fondamentales : Suis-je en sécurité ? Où suis-je ? Où vais-je ? Et ceci pour le court et le moyen terme.

En général, trois de ces indicateurs de performance sont liés au métier, à la fonction, à la description de poste et trois sont plus personnels, liés à votre volonté de différenciation.

Rendez bien visible votre tableau de bord. Le défaut de la plupart des tableaux de bord est leur faible visibilité. Ils sont dans des tiroirs, dans des dossiers fermés ou sur des écrans d'ordinateur.

Du point de vue de l'intelligence humaine, ce qui est visible est important. Plus votre tableau de bord sera visible, inévitable, plus il remplira votre rôle d'outil de productivité.

Plus souvent vous verrez votre tableau de bord, plus vos activités seront influencées par ces indicateurs. Il est important de ne pas entrer dans votre bureau sans voir votre tableau de bord. Il doit être visible chaque fois que vous levez la tête de votre bureau.

Rafraîchissez le plus souvent possible les valeurs de ces indicateurs, au moins tous les trimestres. Plus le rafraîchissement est rapide, par exemple chaque semaine à la place de chaque mois ou chaque trimestre à la place de chaque année, plus le pilotage est fin, plus vite les erreurs sont corrigées et plus la performance globale est élevée. Si tout le monde peut voir vos progrès, vos résultats seront encore accrus en faisant jouer votre fierté.

Toutes les études démontrent que si votre tableau de bord est rendu public, vos chances d'atteindre vos objectifs sont beaucoup plus élevées.

La fierté humaine joue ici un grand rôle. Le caractère ouvert aux collègues renforce de manière importante l'impact des tableaux de bord sur la productivité.

Les indicateurs de performance doivent donc être pertinents, mesurés constamment, visibles et publics.

Si ces conditions sont remplies, des augmentations de productivité de plus de 25 % peuvent être attendues.

Seuls les résultats mesurables sont de réels moteurs de productivité et de motivation. Rendez mesurables les facteurs qualitatifs en utilisant des échelles d'évaluation.

Certaines personnes éprouvent des difficultés à trouver des facteurs de performance mesurables dans leurs métiers. C'est pourtant possible. Toute activité a un résultat visible : dossier clôturé, client vu, lettre écrite,... etc. Chacun de ces résultats visibles peut se mesurer par son volume, son nombre d'erreurs, ses délais, la satisfaction des clients. De nombreuses revues professionnelles montrent des exemples de mesures de facteurs qualitatifs pour de nombreux métiers. Il est extrêmement rare de ne pas pouvoir mesurer rationnellement une productivité.

🖐 Que faire en pratique ?

▶ **Exemple 1 – *Le tableau de bord d'un commercial***

« Voici le tableau de bord avec lequel je pilote ma vie professionnelle comme commercial.

Nombre d'appels téléphoniques aux clients par jour.

Nombre de visites de plus d'une heure aux prospects par semaine.

Nombre de jours entre la première visite et la signature d'un contrat.

Chiffres d'affaires mensuels.

Nombre de lettres envoyées par jour.

Volume en euros des offres faites par mois.

Taux de succès en pourcentage du volume de l'offre. »

VOTRE CLASSIFICATION POUR CE CONSEIL

☐ **E pour Éliminer**   ☐ **T pour Transmettre**

☐ **C pour Classer**   ☐ **A pour Agir**

Écrivez en une page votre mission privée et votre mission professionnelle. Décidez ce que devrait être votre journée idéale dans cinq ans, ce qui devrait être marqué sur votre tombe, ce que devrait être la première page de votre biographie

Écrivez votre mission en une page

Si vous voulez du succès, il faut vous concentrer, vous focaliser, comme un athlète qui centre sa saison sur les jeux olympiques. Un bon exercice est d'écrire en une page votre mission. On écrit en général sa mission pour une période de un à cinq ans. Que voulez-vous réaliser d'important durant cette période ?

Les paragraphes de votre mission écrite doivent concerner de manière équilibrée tous les secteurs de votre vie, à la fois professionnels et privés, à la fois ce que vous voulez atteindre et ce que vous voulez éviter.

La mission décrit vos choix personnels, ce que vous avez décidé de faire et de ne pas faire. Elle donne votre vision de ce que sont pour vous chacun des quatre secteurs d'objectifs classiques : la richesse, la célébrité, le pouvoir et le bonheur.

✋ Que faire en pratique ?

▶ **Exemple 1** – « *... J'ai beaucoup aimé écrire en une ou deux pages la mission que je me fixe pour les 3, 5 ou 10 années à venir. Cela me permet de préciser ma pensée, de donner un sens à ma vie professionnelle en dehors de celle que mes différents employeurs voudraient lui donner...* »

▶ **Exemple 2** – « ... *Ma mission, c'est ce qui me différencie des autres, c'est ce qui fait que je ne suis pas seulement l'occupant d'un poste...* »

VOTRE CLASSIFICATION POUR CE CONSEIL

☐ **E** pour Éliminer   ☐ **T** pour Transmettre

☐ **C** pour Classer   ☐ **A** pour Agir

Il y a deux façons d'être riche, ou bien avoir beaucoup d'argent ou bien avoir peu de besoins

Désirez ce que vous avez, plus 10 %

Nous sommes des êtres désirants. Nous voulons toujours plus. C'est bon pour le progrès.

Mais jusqu'à un certain point. Pour être heureux, il suffit de désirer ce que l'on a. Mais alors, pas de progrès.

Il faut donc trouver le bon taux de progrès, de montée. Pas trop d'ambitions, pas trop peu non plus. C'est notre résistance au stress qui détermine le taux de montée que nous pouvons supporter.

Voici l'analogie bien connue en placements financiers. Si vous dites à votre banquier que vous n'aimez pas le stress, il vous proposera un objectif de montée, de croissance de votre argent de 3 à 5 %. Si vous aimez le stress, il vous achètera des actions à haut risque avec un objectif beaucoup plus haut.

Il faut être ambitieux, mais aussi vous fixer des objectifs raisonnables en fonction de vos moyens.

Fixez vos objectifs de croissance de salaire, de responsabilité, de nombre de jours de congé, de budget loisir. Mais de combien ? 5 ou 15 % de mieux par an ? Cela dépend de votre résistance au stress. Certaines personnes n'ont pas peur de prendre des risques, de faire faillite en lançant leur propre affaire, d'autres préfèrent la sécurité d'un salaire, quitte à devoir demander toute leur vie la permission pour prendre leur congé à la date qu'ils préfèrent.

✋ Que faire en pratique ?

▶ **Exemple 1 –** « *... Je me fixe toujours un plan de progrès raisonnable. J'essaye, sans trop me stresser d'avoir 5 à 10 % de plus chaque année dans l'un ou l'autre domaine selon l'année et selon les opportunités. Soit 5 % de plus de revenus, soit 5 % de plus de vacances, soit 5 % de plus de responsabilités, soit 5 % de plus d'activités sociales... »*

VOTRE CLASSIFICATION POUR CE CONSEIL

☐ **E pour Éliminer**   ☐ **T pour Transmettre**

☐ **C pour Classer**   ☐ **A pour Agir**

Gagner en **efficacité**

Tout le monde veut être riche, célèbre, puissant et heureux

Déterminez-vous, quelles sont vos valeurs ?

Il est important de savoir ce que vous voulez. Avoir des limites et des objectifs équilibrés entre vie professionnelle et vie privée, permet de ne pas se laisser totalement dévorer par son métier... ou par sa famille.

La plupart des personnes se déterminent par rapport aux quatre axes classiques de succès dans la vie : la richesse (les biens matériels), la célébrité (la reconnaissance), le pouvoir (les responsabilités) et le bonheur (la qualité de vie).

En annexe, vous trouverez les tableaux de bord, les critères de succès les plus utilisés, le plus souvent intuitivement, par beaucoup de personnes.

Vous pouvez faire l'exercice de classer, de coter chacun de ces critères par ordre d'importance pour vous.

Bien sûr, ce classement variera en fonction de votre propre évolution. Par exemple, une personne jeune va classer les critères de richesse relativement haut alors que quelques années plus tard, la même personne mettra plus de valeur dans les critères de qualité de vie.

✋ Que faire en pratique ?

▶ **Exemple 1 –** « ... *Je me suis souvent servi de ce modèle de tableau des valeurs, il couvre presque tout ce à quoi les humains attachent de l'importance...* »

▶ **Exemple 2 –** « ... *J'aime bien, tous les ans, me redéfinir par rapport à ces valeurs standards. J'évolue avec l'âge. Au début je donnais beau-*

© Eyrolles Pratique

coup de valeur au premier cercle, celui de l'argent. Ensuite les responsabilités, le pouvoir étaient ma motivation principale. Maintenant c'est plutôt les critères de reconnaissance, de célébrité qui me font bouger. Je pense qu'en fin de vie ce sera surtout les critères de qualité de vie que je coterai le plus haut... »

VOTRE CLASSIFICATION POUR CE CONSEIL

☐ **E pour Éliminer**   ☐ **T pour Transmettre**

☐ **C pour Classer**   ☐ **A pour Agir**

ÉTAPE 6
Vous êtes manager : conseils pour votre travail en équipe

Le travail en équipe c'est important

Réorganisez votre communication, votre leadership, vos relations. Si vous êtes prêt à augmenter vos propres performances, vous ne travaillez cependant sûrement pas seul.

Vous devrez donc aussi réorganiser vos relations, vos façons de travailler avec les autres.

Comment rendre une équipe productive ? Voici quelques conseils de base pour améliorer votre travail en équipe.

> **Consacrez une salle de réunions à la prise de décision en équipe. Équipez-la comme une vraie salle de management, avec tous les tableaux de bord affichés aux murs. Affichez en grand et de façon permanente toutes les informations utiles à vos décisions**

Organisez une salle d'équipe

Pour créer une équipe, il faut la créer physiquement, lui donner un siège social, c'est-à-dire transformer une salle de réunions en salle d'équipe.

Cette salle affiche les informations qui concernent, qui soudent l'équipe.

Ce qui est mesuré est fait. Ce qui est visible et permanent est important. L'affichage des performances dans la salle d'équipe applique ces principes simples et efficaces.

✋ Que faire en pratique ?

▶ **Exemple 1** – « … J'ai fait équiper notre salle de réunions de panneaux muraux. J'y affiche de façon permanente toutes les performances de chacun… »

▶ **Exemple 2** – « … C'est la salle de l'équipe, on y garde la mémoire de tout ce que nous avons fait… »

▶ **Exemple 3** – « … J'organise la transparence dans l'équipe en affichant tout. J'ai mis en place un système de lampes rouges bien visibles. Tout le monde voit les succès et les échecs de tout le monde. Cela crée une solidarité. C'est un grand moyen de communication… »

VOTRE CLASSIFICATION POUR CE CONSEIL

☐ **E pour Éliminer**	☐ **T pour Transmettre**
☐ **C pour Classer**	☐ **A pour Agir**

Trouvez-vous un co-pilote, un adjoint qui peut vous remplacer de temps en temps.
Ne gérez activement pas plus de trois collaborateurs directs ! Votre stress est proportionnel au nombre de personnes que vous dirigez activement

Un co-pilote, trois collaborateurs directs

L'élément le plus difficile, le plus stressant dans le management, c'est la gestion des collaborateurs. Dans toutes les enquêtes, c'est ce qui préoccupe le plus les managers. Leur stress est directement proportionnel au nombre de personnes qu'ils ont à gérer activement.

Les managers ont donc tendance à limiter au maximum à trois personnes le nombre de collaborateurs qu'ils gèrent pro-activement. C'est une excellente façon de diminuer la pression.

Mais le stress reste important à un poste de responsabilité. Il vous faut donc un co-pilote.

Un co-pilote est un assistant de haut niveau, un adjoint, un chef d'état-major, un bras droit qui puisse vous remplacer quand la situation est calme, qui puisse résoudre 80 % des problèmes comme vous le feriez. Cela vous permettra de prendre du temps de réflexion.

Ne restez pas à la barre tout le temps. Plus le temps où vous avez le nez dans les affaires quotidiennes se prolonge, plus vous ferez des erreurs de jugement. Il vous faut de l'altitude de temps en temps. Vous l'aurez grâce à votre adjoint.

✋ Que faire en pratique ?

▶ **Exemple 1** – « ... *J'ai remarqué que le stress me rend idiot. En cas de trop forte pression, je prends les détails pour ce qui est important, je perds ma vision globale. J'ai donc décidé de prendre un adjoint qui pilote l'affaire par beau temps, quand tout va bien. Je peux alors, pendant un ou deux jours par mois, prendre du recul, réfléchir et penser stratégie...* »

▶ **Exemple 2** – « ... *Je dirigeais huit collaborateurs en direct. Je les voyais chacun au moins deux à trois heures par semaine. Cela m'épuisait. Dans ma nouvelle équipe, je ne dirige plus que trois collaborateurs directs. Les autres ont des tâches plus routinières et je fais alors du management par exception. Ils ne viennent me voir que quand cela ne va pas...* »

▶ **Exemple 3** – « ... *J'ai engagé un adjoint pour faire le même travail que moi, pour m'assister. Cela me permet de me détacher à certains moments de la quotidienneté, d'essayer de faire des choses nouvelles...* »

VOTRE CLASSIFICATION POUR CE CONSEIL

☐ **E** pour Éliminer   ☐ **T** pour Transmettre

☐ **C** pour Classer   ☐ **A** pour Agir

Créez une vraie équipe en décidant d'un tableau de bord commun.
Faites la liste des 24 questions qui vous préoccupent le plus et répondez-y par des indicateurs.
Mettez des feux de signalisation à tous les indicateurs de vos tableaux de bord

Construisez un tableau de bord commun pour votre équipe

Un test très important de mesure de cohésion d'équipe consiste à faire deviner par les membres de l'équipe les tableaux de bord de chacun. Si les membres ne parviennent pas à deviner exactement les noms et rangs d'importance des indicateurs de performance de leurs collègues, l'on peut s'attendre à de sérieux problèmes d'équipe.

Du point de vue du travail en équipe, il est important de constituer un tableau de bord d'équipe, distinct des tableaux de bord des membres de l'équipe, qui ne visualise que les indicateurs qui nécessitent une action collective pour être dans le vert.

✋ Que faire en pratique ?

▶ **Exemple 1 –** « … *J'ai fait une liste de tous les indicateurs de performance possibles. J'ai ensuite fait voter toute l'équipe pour choisir les douze indicateurs les plus importants pour nous tous… »*

▶ **Exemple 2 –** « … *Nous avons garni notre salle de réunions de visuels qui nous montrent constamment notre situation et la distance par rapport à nos objectifs… »*

▶ **Exemple 3 –** « ... Cela n'a pas été facile de mettre tout le monde d'accord sur les 12 indicateurs à redresser en priorité pour assurer notre avenir. J'ai demandé à chacun de proposer ce qui serait pour lui le tableau de bord idéal pour l'équipe. 60 % des indicateurs seulement étaient communs... »

VOTRE CLASSIFICATION POUR CE CONSEIL

□ **E** pour Éliminer   □ **T** pour Transmettre

□ **C** pour Classer   □ **A** pour Agir

Donnez à votre équipe un objectif mesurable toutes les semaines.
Planifiez une réunion d'équipe tous les vendredis après-midi

Organisez un briefing d'équipe tous les vendredis après-midi

Pour la plupart des études, les équipes augmentent leurs performances collectives quand elles ont des contacts brefs mais fréquents.

Si vous organisez un briefing hebdomadaire d'équipe, il vaut mieux le programmer le vendredi que le lundi. Au cours de cette réunion, vous motivez vos collaborateurs à de nouveaux objectifs, à corriger certaines choses.

Gagner en **efficacité**

Si vous organisez votre réunion d'équipe le lundi matin par exemple, dès la fin de la réunion, vos collaborateurs retrouvent leur bureau et leurs soucis quotidiens, ils oublient vite les promesses et les bonnes intentions de la réunion. Ce n'est bien souvent que la veille de la réunion suivante qu'ils pensent à tenir leurs promesses et à lancer des actions correctrices.

En revanche, si vous tenez la réunion juste avant le week-end, le vendredi après-midi, ils ne seront pas distraits par le travail quotidien et la réunion restera dans leur mémoire tout le week-end en tant que dernier événement marquant. Vous verrez vos collaborateurs arriver au bureau le lundi matin et commencer par tenir leurs promesses, par faire ce qu'ils ont dit qu'ils allaient mettre en place à la réunion du vendredi.

✋ Que faire en pratique ?

▶ **Exemple 1 –** « … *Une équipe, cela se reconstruit toutes les semaines. Chaque semaine, j'organise une réunion de 45 minutes et je les relance… »*

▶ **Exemple 2 –** « … *Nos avons déplacé notre réunion hebdomadaire du lundi matin au vendredi après-midi. La différence est notable. J'ai l'impression que mon cerveau prend le temps du week-end pour transformer les objectifs en plan d'action, alors que cette maturation cérébrale ne pouvait avoir lieu si la réunion était immédiatement suivie par mon travail quotidien… »*

▶ **Exemple 3 –** « … *Si, après une réunion importante, je rentre directement dans mon bureau, si je reprends immédiatement mon travail quotidien, j'oublie les promesses que j'ai faites à la réunion, je perds de vue les choses que je dois faire pour corriger mes résultats. Je suis repris par les affaires de détail, par la quotidienneté. Je préfère les réunions hebdomadaires juste avant le week-end. J'ai alors plus le temps de réfléchir sur les changements à faire sans être dérangé… »*

Passez un peu moins de temps en réunions.
Calculez le coût/bénéfice de chaque réunion

Réduisez vos réunions de 20 %

Diminuez votre temps passé en réunions de 20 % en raccourcissant les réunions ou en n'y assistant pas. Si vous organisez bien ce programme de réduction progressive, votre productivité personnelle sera augmentée sans que vous n'y perdiez beaucoup en informations et en opportunités.

Si vous y réfléchissez bien certaines réunions ou parties de réunions auxquelles vous assistez en temps, vous coûtent plus cher qu'elles ne vous rapportent.

Estimez d'abord le temps total que vous passez en réunions chaque semaine.

Demandez-vous honnêtement si vous ne pouvez pas quitter certaines de ces réunions plus tôt ou si vous pouvez ne pas y participer et demandez seulement que l'on vous envoie le procès-verbal (s'il n'y a pas de procès-verbal du travail effectué au cours de la réunion, il est probable que cette réunion est de faible valeur).

Essayez progressivement de diminuer votre temps passé en réunions de 20 %.

Vous verrez que ce temps gagné et réinvesti dans vos autres activités sera, sans doute, plus productif.

Ayez un raisonnement de banquier avec votre capital temps. Dans quelle activité, cette heure dont je dispose, serait la mieux investie ?

Bien sûr, dépenser cette heure en réunion est souvent plus attrayant, plus reposant mais est-ce plus rentable pour atteindre vos objectifs ?

Analysez chacune des réunions et classez-les par ordre d'utilité, de productivité en leur attribuant une cote de 1 à 10 avec une cote de 10 pour la réunion la plus utile et une cote de 1 pour la moins utile. Commencez à éliminer la réunion que vous avez cotée à 1.

Demandez-vous ce que chaque réunion vous coûte (temps passé par rapport à votre salaire brut total) et ce qu'elle vous a réellement rapporté. Que serait-il arrivé de grave si vous n'aviez pas pu y assister ?

Certaines décisions peuvent très bien, du point de vue rapport qualité/prix, être prises avantageusement par une seule personne.

Des études ont été faites sur la qualité des décisions prises par une personne seule comparée à la qualité des décisions prises en groupe. Bien sûr, un groupe de 4 personnes obtiendra quasi toujours de meilleurs résultats qu'une personne travaillant seule. Il y a plus dans quatre têtes que dans une ! Mais si l'on introduit le facteur coût de la décision, quatre personnes coûtent quatre fois plus cher qu'une seule. Le surcroît de qualité de ma décision collective est donc souvent payé à un prix exorbitant.

Si l'on reprend les dernières études sociologiques, et si l'on compare les décisions prises seul ou à deux et les décisions prises en groupe, on se rend compte que si la situation de l'entreprise est bonne, elle peut et doit se permettre le luxe du consensus de groupe. Les décisions seront de meilleure qualité mais seront obtenues à un coût très élevé. C'est donc un luxe pour situation de vaches grasses. Dès qu'une situation de vaches maigres apparaît, l'entreprise ne peut plus se permettre les coûts engendrés par les décisions prises en grands groupes. Les décisions sont alors prises par un groupe de plus en plus restreint d'hommes et de femmes. Ceci diminue la qualité des décisions mais diminue aussi les coûts et les délais.

Toute l'intelligence et la flexibilité résident dans le fait de basculer rapidement d'un processus de décision à l'autre, collégial ou dictatorial, en fonction de la situation.

La république romaine avait bien saisi ce principe en prenant des décisions en sénat pendant la Pax Romana mais en nommant un dictateur pour six mois quand les barbares étaient à leurs portes.

Malheureusement, dans certaines entreprises, le sénat continue à décider quand les compétiteurs prennent des parts de marché et dans d'autres, un dictateur décide seul alors que l'entreprise pourrait se permettre des décisions plus chères et de meilleure qualité par consensus.

Un autre effort pour rendre les réunions plus courtes, plus efficaces et plus productives est de les tenir dans un « Management Cockpit ». Un « Management Cockpit » est une salle de réunions spécialement organisée pour prendre des décisions en équipe. Les murs de cette salle de réunions affichent toutes les informations nécessaires aux personnes présentes pour prendre des décisions et pour exercer leurs responsabilités. C'est un véritable poste de pilotage d'affaires. Une réunion de travail y dure en général deux fois moins de temps car les informations sont là, évidentes et les tableaux de bord facilitent les décisions et évitent bien des malentendus et des discussions infructueuses.

🖑 Que faire en pratique ?

▶ **Exemple 1 –** « ... J'ai demandé que les points à l'ordre du jour qui me concernent soient mis en début ou en fin de réunion afin que je puisse arriver plus tard ou quitter plus tôt. Ceci m'a demandé beaucoup de courage au départ car il est toujours difficile de se lever et de quitter une réunion, toujours en cours, pour retourner dans son bureau où un travail difficile vous attend. Il est plus facile de rester assis à écouter et discuter... »

▶ **Exemple 2 –** « ... Dans mon entreprise, j'ai remplacé deux réunions par un échange bien organisé de courrier électronique qui m'a permis de demander et d'obtenir les avis de 3 experts sans devoir les réunir.

Réunir des experts dans une même pièce est toujours dangereux. Un face-à-face les bloque et les empêche de changer d'opinion pour ne pas perdre la face.

Demander leur avis par écrit évite les longs conflits et l'on peut même raffiner en leur envoyant copie de l'opinion des autres experts pour leur demander s'ils veulent revoir leur première opinion, ce qu'ils feront bien volontiers car les autres ne sauront pas leurs changements d'opinion... »

▶ **Exemple 3 –** « ... Certaines réunions sont vraiment symboliques et informatives et peuvent très bien être remplacées par un document écrit à bien moindre coût.

J'ai supprimé ma participation à la réunion du mercredi matin, demandant que le secrétaire de réunion m'envoie simplement le procès-verbal. Cela a été difficile car j'ai eu l'impression de perdre un peu de mon influence sur le groupe, mais j'y ai tellement gagné en temps et en efficacité que mes résultats m'ont fait regagner mon influence par un autre biais... »

▶ **Exemple 4** – « *... Nous organisons ce que l'on appelle des « standing meeting ». Cela peut paraître curieux mais la réunion se déroule debout, il n'y a pas de siège. Cela marche très bien, la même réunion qui durait trois heures dure maintenant moins d'une heure avec la même efficacité... »*

▶ **Exemple 5** – « *... Comme dans toute grande entreprise, nous avons installé une horloge à réunions. C'est un ordinateur très simple qui calcule le coût réel de la réunion en tenant compte du salaire des participants et de la durée de la réunion. Le coût est donc affiché en grand dans la salle même.*

Le coût d'une réunion est triple de ce que nous avions estimé et nous sommes effrayés par les sommes qui peuvent être dépensées pour une réunion quand on compare cet investissement à la valeur ajoutée apportée par cette réunion.

Mais depuis que nous avons ces horloges à réunions, le simple fait de prendre conscience de ces coûts énormes a conduit à des réunions moins fréquentes, plus courtes et plus efficaces... »

▶ **Exemple 6** – « *... Nous planifions toujours nos réunions en fin d'après-midi pour que chacun, pressé de rentrer chez lui, puisse dire ce qu'il a à dire et soit rapide... »*

▶ **Exemple 7** – « *... Je préside souvent des réunions et je prends le courage d'interdire toute discussion bilatérale entre deux participants sur un sujet qui n'intéresse qu'eux afin de ne pas faire perdre de temps aux autres. Le pire dans une réunion, c'est un président qui ne préside pas... »*

▶ **Exemple 8** – « *... Dans mon équipe nous avons un « Management Cockpit » d'équipe avec 24 indicateurs de performance régulièrement mesurés. Nous avons décidé, afin d'être plus productifs, de réduire* *notre temps passé en réunions de 30 %. Nous avons fait une expérience d'un an tout en surveillant étroitement tous nos indicateurs de performance. Nous les avons presque tous améliorés !*

Je ne peux pas vous dire exactement s'il y a un lien de cause à effet direct entre notre diminution de temps de réunions et notre productivité mais nous croyons tous que ce lien existe... »

▶ **Exemple 9 –** *« ... J'ai remarqué que beaucoup de nos cadres préféraient la situation du joueur de football à celle du joueur de tennis. Le joueur de football est notre homme en réunion et le joueur de tennis est l'homme seul à son bureau. Sur le terrain de football, la pression est divisée par onze ! Je ne dirais pas comme certains que l'équipe et la réunion sont le refuge du faible, mais nous n'en sommes pas loin. Etre seul, assis à son bureau, face à une page blanche et un rapport à finir est certainement moins confortable qu'une réunion à dix où l'on discute... »*

▶ **Exemple 10 –** *« ... J'ai pris le courage de dire, même à mes supérieurs, que je n'allais pas me rendre à certaines réunions qu'ils organisent pour pouvoir travailler et me concentrer sur les objectifs qu'ils m'avaient eux-mêmes fixés en début d'année. J'ai été très surpris de leur réaction compréhensive d'autant plus qu'ils savent qu'ils peuvent compter sur moi pour atteindre ces objectifs. Il faut pouvoir se dire que l'on sera moins aimé par cette attitude à court terme mais que l'on sera certainement plus respecté à long terme... »*

VOTRE CLASSIFICATION POUR CE CONSEIL

☐ **E pour Éliminer**	☐ **T pour Transmettre**
☐ **C pour Classer**	☐ **A pour Agir**

**Quand la situation est trop incertaine,
vos collaborateurs recherchent de la certitude.
C'est votre rôle de la leur apporter**

Ne jamais montrer de signes de votre stress à votre équipe

En cas de crise ou de situation incertaine, votre équipe cherche des points de repère, des personnes qui leur apportent de la certitude.

Vous ne pouvez pas ajouter à cette incertitude par votre comportement. Vous ne devez pas, en ces moments incertains, montrer des signes de stress.

On ne court jamais dans un avion, on ne court jamais dans un bateau, on ne court jamais dans un hôpital. Si une personne censée avoir une autorité se met à courir, à montrer des signes de nervosité, tous les « passagers » vont encore être plus incertains, plus nerveux et la situation va dégénérer.

Ne pas montrer de signes de stress ne veut pas dire ignorer la situation, cela veut dire montrer votre calme parce que vous avez un plan.

✋ Que faire en pratique ?

▶ **Exemple 1** – « *... Même si je suis nerveux, je ne le montre pas aux collaborateurs que je dois diriger. Je reconnais toujours une mauvaise situation ou un problème, mais, toujours en ajoutant que j'ai un plan pour y faire face... *»

▶ **Exemple 2 –** « ... *Je ne change pas mon agenda à tout instant et pour n'importe quelle crise. En période d'incertitude, mes collaborateurs cherchent de la certitude et je dois leur montrer que j'ai cette stabilité. Si je ne leur apporte pas cela, ils se chercheront un autre leader...* »

VOTRE CLASSIFICATION POUR CE CONSEIL

☐ **E** pour Éliminer   ☐ **T** pour Transmettre

☐ **C** pour Classer   ☐ **A** pour Agir

Augmentez votre visibilité, diminuez votre accessibilité, gardez votre disponibilité. C'est la recette des leaders !

Organisez votre leadership

Le leadership c'est l'influence que vous avez sur les autres. C'est souvent un don naturel. Former quelqu'un à devenir un leader est souvent peine perdue. L'intelligence sociale que possède un leader est fixée relativement tôt dans son histoire personnelle et ne peut que très peu s'améliorer.

Malgré tout cela, l'organisation du travail offre quelques pistes pour augmenter l'influence que vous aurez sur votre équipe.

© Eyrolles Pratique

L'intelligence automatique des personnes suit des règles simples pour traiter l'information. Voici des exemples de préjugés : ce qui est beau est bon, ce qui est différent est dangereux, ce qui est fort visible est très important, ce qui est peu accessible est forcément important.

Ce sont des règles que nous appliquons spontanément en cas d'absence d'informations suffisantes pour un bon jugement. Si vous voulez augmenter votre leadership, vous pouvez en tirer un bon parti.

Organisez votre travail de façon à maximiser votre visibilité et à minimiser votre accessibilité (ce qui est très différent de votre disponibilité) et beaucoup de personnes vont vous considérer comme important et vous allez augmenter votre influence sur eux.

Que faire en pratique ?

▶ **Exemple 1 –** *« … Je suis un politicien. Mon métier est d'influencer. J'utilise donc les médias. Visibilité maximale, accessibilité minimale. Je suis à la télévision, dans leur salon, mais ils ne peuvent pas me questionner. Les gens votent pour ceux qui sont très visibles et dont l'accessibilité est très contrôlée. Ils ont l'impression d'avoir alors à faire à une personne très importante. C'est de bonne guerre, nous faisons tous cela quand nous voulons nous donner de l'importance. Cela marche à tous les coups… »*

▶ **Exemple 2 –** *« … Je dois conduire mon équipe à l'influence. Je fais souvent le tour des bureaux, je suis très présent, même par téléphone si je suis à l'étranger. Mais, s'ils veulent me voir, j'y mets un peu de cérémonie. Je suis disponible mais pas trop accessible. Je sais que c'est un jeu mais quand vous devez faire la file ou vous battre pour avoir une place dans un restaurant, vous avez toujours l'impression de manger mieux. Je sais que ce n'est pas très beau comme tactique, je me culpabilise, mais cela marche si bien… »*

▶ **Exemple 3** – « ... *Peut-on bien diriger à distance, par téléphone ? C'est une question importante pour moi. La seule façon efficace, c'est d'être très présent virtuellement. J'ai des assistants personnels sur place, je téléphone beaucoup...* »

VOTRE CLASSIFICATION POUR CE CONSEIL

☐ **E pour Éliminer**   ☐ **T pour Transmettre**

☐ **C pour Classer**   ☐ **A pour Agir**

Influencer est une technique comme une autre. Soyez professionnel et apprenez ces techniques simples

Organisez votre leadership

Pour influencer, pour obtenir un oui, vous devez tenir compte des règles du traitement de l'information par l'intelligence humaine ancestrale. Ce sont des règles de survie profondément ancrées en nous. En voici quelques-unes :

- Ce qui est rare, ce qui pourrait venir à manquer, est désirable.
- Celui qui porte des signes d'autorité (blouse blanche, costume cravate) doit être obéi.
- Ce qui est similaire est crédible, ce qui est différent est dangereux.
- Si beaucoup de gens le font, je peux le faire aussi sans danger.
- Je dois être cohérent, conséquent avec le groupe, si je m'engage, je dois le faire.
- Si je reçois quelque chose, je dois donner quelque chose.

© Eyrolles Pratique

Pour mener des hommes, pour influencer, un leader doit tenir compte de cette véritable science de l'influence.

✋ Que faire en pratique ?

▶ **Exemple 1 –** « … *Je donne toujours quelque chose, même peu importante, avant de demander quelque chose, les chances d'obtenir un oui, une collaboration sont nettement augmentées…* »

▶ **Exemple 2 –** « … *J'essaie toujours d'obtenir un engagement clair du collaborateur, même sur une petite chose. Les chances qu'il réalise réellement tout ce qu'il a dit en seront nettement augmentées…* »

▶ **Exemple 3 –** « … *Je persuade en donnant des exemples, des références, en montrant au collaborateur qu'en faisant ce que vous lui dites de faire, il se rapproche du groupe…* »

▶ **Exemple 4 –** « … *Ressemblez aux gens à qui vous voulez commander, mais pas trop, gardez toujours sur vous un symbole de différence, d'autorité…* »

▶ **Exemple 5 –** « … *Quand j'accorde du temps ou des budgets, je mets toujours en avant la rareté de ce que j'offre. J'obtiens toujours immédiatement une plus grande flexibilité de mon interlocuteur…* »

VOTRE CLASSIFICATION POUR CE CONSEIL

☐ **E pour Éliminer**   ☐ **T pour Transmettre**

☐ **C pour Classer**   ☐ **A pour Agir**

Vous avez une minute pour convaincre.

Commencez par la conclusion

Notre intelligence automatique, pour savoir si une information est importante ou pas, cherche sa position dans un discours, dans une présentation.

Une information qui apparaîtra en premier sera toujours considérée par ce type d'intelligence comme plus importante que les autres.

Vous avez donc intérêt à commencer un rapport, une présentation, une conversation par ce qui est important, par ce que vous voulez vraiment dire.

Ne commencez pas par un rappel ou par une introduction, commencez par la conclusion.

Notre mémoire court terme peut contenir très peu d'informations ; elle est saturée après environ une minute. Puis elle doit se vider. Pour cela elle va conclure, décider en fonction de ce qu'elle a enregistré. Si vous avez pris garde à mettre dans votre première minute ce qui est important et ce qui est agréable pour votre interlocuteur, il va en conclure plus sûrement que c'est une bonne conversation, un bon dossier. Commencez par une bonne nouvelle.

⚓ Que faire en pratique ?

▶ **Exemple 1** – « ... Je commence toujours par une bonne nouvelle. Je crée chez mon interlocuteur un préjugé favorable dans ce but... »

▶ **Exemple 2** – « ... Je commence toujours par ce que j'ai à dire, ensuite je dis bonjour et comment ça va... »

VOTRE CLASSIFICATION POUR CE CONSEIL	
☐ **E** pour Éliminer	☐ **T** pour Transmettre
☐ **C** pour Classer	☐ **A** pour Agir

D'autres petits conseils pour votre leadership :

Ne jamais se justifier, ne jamais se plaindre

Beaucoup de managers m'ont cité cette façon de faire. D'après eux, cette attitude leur donnerait une grande influence sur les autres.

Ne souriez pas si vous ne vous sentez pas vraiment joyeux

Beaucoup de personnes font des sourires sociaux, comme les hôtesses de l'air. N'avez-vous rien remarqué quand un sourire est forcé ? Non ?

Notre intelligence subconsciente – grâce à la zone de reconnaissance des visages de notre cerveau – identifie ce faux sourire ! Cette zone de notre cerveau divise le visage de la personne que nous regardons en deux parties, le haut et le bas. Si le visage de notre interlocuteur produit un faux sourire, sa bouche s'ouvre mais ses yeux ne se ferment pas, contrairement à un vrai sourire où il y a une proportion entre la contraction du haut et du bas du visage.

Notre zone de reconnaissance des visages nous avertit aussitôt : « Attention faux sourire, attention menteur ! »

Si vous n'avez pas envie de sourire, ne souriez pas. Vos interlocuteurs vous démasqueront immédiatement et vous serez antipathique.

Si vous voulez renforcer votre leadership, vous devez repenser aussi votre communication écrite.

Gagner en **efficacité**

Présentez mieux vos documents

Il y a beaucoup de règles pour vous permettre d'améliorer vos documents, vos présentations, vos messages pour les rendre plus lisibles, plus convaincants.

En les utilisant bien, vous pouvez doubler les réponses positives à un mailing !

Voici quelques exemples :

■ Changez vos titres pour en faire des questions

Si le cerveau de votre lecteur rencontre une question comme titre d'un texte, il va mieux l'examiner, il va mieux le retenir que si le titre n'est pas une question. Lire ou rechercher la réponse à une question n'est pas la même chose.

Si vous incitez le cerveau de votre lecteur à rechercher une information plutôt qu'à simplement lire distraitement, l'impact de votre texte sera plus important.

■ Mesurez l'index de lisibilité de votre texte

Tous les traitements de textes modernes vous proposent cette fonction. Vous saurez rapidement si vos phrases sont trop longues, si elles sont mal structurées.

■ Utilisez une typographie spéciale pour les mots dont vous voulez augmenter la mémorisation par vos lecteurs

Des changements tels qu'une lettre capitale en début de mot, la typographie Helvetica pour le mot... ont un impact sur la mémoire.

■ Écrivez en colonnes les longs textes dont vous voulez accélérer la lecture

Les journaux sont écrits en colonnes. C'est pour en faciliter la lecture. Les longues lignes de texte sur toute une largeur de page ne facilitent pas la lecture rapide.

Vous n'êtes pas au mieux de votre intelligence en réunion ! N'y décidez rien d'important. Trop de voix, trop de visages, trop de distractions pour votre cerveau. Ne dépensez pas 1 000 euros pour une décision à 100 euros. Décidez sans tout savoir, n'essayez pas de tout contrôler, vous n'y arriverez pas

Organisez la prise de décision en équipe

Décider ensemble, trouver un consensus n'est pas toujours facile. Certains managers font ce travail intuitivement, d'autres préfèrent utiliser toujours une même méthode et une même organisation pour réussir cette tâche bien spéciale. Cela leur facilite la vie et évite bien des émotions inutiles.

🖐 Que faire en pratique ?

▶ **Exemple 1** – *« ... Pour chaque décision à prendre, j'alloue un budget limite de prise de décision. Je fais ceci pour éviter de dépenser 1000 euros pour une décision à 100 euros. Cette limite peut être une limite de temps de discussion en réunion – pas plus de 10 minutes pour le choix d'une photocopieuse –, une limite de temps de travail de préparation du dossier, une limite de dépense en consultants. Je fais ceci pour éviter de dépenser beaucoup pour de petites décisions et trop peu pour de grandes décisions, ce qui arrive souvent quand on ne prend pas la précaution de fixer des limites au coût de la décision... »*

▶ **Exemple 2** – *« ... Je me méfie de moi-même quand je suis en réunion. Trop de voix, trop de visages, trop de nouvelles informations. Je me sens sous influence et pas du tout en bonne condition pour me concentrer et pour prendre une décision importante. Je demande* *donc toujours une courte interruption de réunion avant de me prononcer définitivement... »*

▶ **Exemple 3** – *« ... Comme beaucoup de mes collègues, je suis un adepte de la méthode Delphi que j'ai organisée avec Outlook. Maintenant, quand je veux recueillir l'opinion de toutes les personnes concernées par une décision, cela me prend 10 minutes et tout le monde est satisfait. J'envoie un message avec bouton de vote à la liste des personnes concernées par le sujet. J'adapte la proposition après avoir reçu les votes du premier tour et je refais un tour d'opinion. En quelques minutes de travail, j'ai forgé un consensus... »*

▶ **Exemple 4** – *« ... Nous utilisons ici la méthode Cockpit Briefing des pilotes pour obtenir rapidement une décision consensuelle de qualité. Nous affichons clairement sur un tableau la question précise à résoudre pour prendre la décision. Chacun doit y afficher ses arguments pour et contre. Un avocat du diable est chargé de ne voir que les points négatifs et d'envisager le pire.*

Les arguments affichés doivent être des faits et pas des émotions. La bonne réponse apparaît rapidement... »

Soudez votre équipe en écrivant une page précisant votre mission collective.
Mais écrivez votre propre mission avant !

Une équipe, c'est une mission précise et écrite

La plupart des équipes performantes ont écrit en une page la charte de leur mission.

C'est à vous, en tant que dirigeant de l'équipe, d'organiser ceci en une journée passée avec votre équipe.

Vous devez rédiger le texte de départ car il doit refléter votre personnalité.

N'écrivez pas des clichés, des idées reçues et communes, que l'on trouve dans beaucoup de textes de missions. Votre texte doit vous différencier des équipes semblables.

Une partie du texte doit être dictée par l'entreprise dans laquelle votre équipe évolue. Votre équipe doit contribuer à l'atteinte de la mission générale. Mais la seconde partie du texte doit être beaucoup plus personnalisée et dire la façon très particulière et originale dont vous allez faire les choses.

Ce texte fédérateur doit être connu de tous : est-ce que les membres de votre équipe peuvent reproduire facilement le texte de la mission de l'équipe ? C'est une condition nécessaire à sa cohésion.

✋ Que faire en pratique ?

▶ **Exemple 1 –** *« ... Nous avons réservé un vendredi et nous sommes partis ensemble à la campagne. J'ai d'abord proposé un texte d'une page pour définir notre mission, notre raison d'existence. Et puis cha-*

cun dans l'anonymat a été chargé de le modifier. Nous avons réécrit tout cela en deux pages. Puis nous avons coupé du texte jusqu'à revenir à une page que tout le monde a signée... »

▶ **Exemple 2 –** *« ... Notre équipe a reçu une mission de l'entreprise. Elle ne nous plaisait pas trop et nous l'avons modifiée pour correspondre à notre vision tout en restant dans la ligne de l'entreprise. Et puis nous avons fait accepter cette version par le patron... »*

▶ **Exemple 3 –** *« ... Pour chaque phrase du texte de notre mission, nous avons fait l'exercice de trouver un indicateur mesurable de réalisation de la promesse contenue dans la phrase. Nous avons éliminé toutes les phrases creuses qui ne pouvaient pas être associées à un indicateur mesurable... »*

VOTRE CLASSIFICATION POUR CE CONSEIL

☐ **E pour Éliminer**   ☐ **T pour Transmettre**

☐ **C pour Classer**   ☐ **A pour Agir**

Chaque semaine, ajoutez une page à la Bible de votre équipe. Déléguez en écrivant vos instructions dans cette Bible

Tenez à jour la Bible de votre équipe

On dit à l'armée que, s'il faut résoudre plus de trois fois un problème récurrent, il faut écrire une SOP « Standard Operating Procedure ». 80 % des problèmes qui vous arrivent sont récurrents. Ils pourraient être résolus par une personne moins bien payée que vous, si vous en aviez écrit la procédure de résolution ou si vous aviez formé et autorisé cette personne à résoudre elle-même le problème.

On dit en intelligence artificielle que si un problème peut être résolu en moins de 30 minutes de discussion avec un expert au téléphone, il est possible et rentable de mettre en place un logiciel, un programme qui résoudra le problème plus vite et à moindre coût.

Il faut donc déprogrammer l'intelligence, le savoir-faire des experts et des gens à haut salaire, pour permettre, à moindre coût et plus rapidement, de résoudre les problèmes au plus bas niveau possible dans l'équipe.

La plupart des professionnels tiennent donc une Bible pour l'équipe ou pour le département. Cette Bible est une collection de savoir-faire, de check-lists qui permettent à une personne moins payée que vous de résoudre elle-même ce problème sans rien vous demander et sans diminuer la qualité du travail. Les 20 questions, les 20 problèmes les plus fréquents qui peuvent se poser à l'équipe sont résolus dans la Bible de l'équipe sous forme d'une liste de choses à faire, à vérifier, à demander à l'interlocuteur.

✋ Que faire en pratique ?

▶ **Exemple 1 –** « ... *Avant que nous n'écrivions notre bible d'équipe, à chaque fois qu'un patient faisait de la température, le spécialiste était contacté et devait résoudre le problème. Depuis que nous avons écrit la liste des choses à faire en cas de température, l'infirmière peut résoudre elle-même le problème, avec exactement la même qualité que le médecin. Et, il ne faut pas le dire, souvent même mieux, car en suivant scrupuleusement la liste de la Bible « Que faire en cas de température », elle n'oublie aucune des vérifications à faire et des bonnes attitudes à avoir, ce que le jeune médecin de garde ne fait pas toujours ! ...* »

▶ **Exemple 2 –** « ... *Notre secrétariat connaît parfaitement les 50 questions et problèmes les plus fréquents que nous posent nos clients. Nous avons passé deux jours, toute l'équipe réunie, à écrire la bonne réponse à chacune de ces questions. Depuis, notre assistante n'a plus qu'à faire préciser le problème au client et lui faxer automatiquement la solution. Avant, la réponse à la même question pouvait varier en fonction de la personne qui répondait et même de l'heure de l'appel ! ...* »

▶ **Exemple 3 –** « ... *Quand je veux tester la qualité de mes managers, je leur demande toujours de me donner la Bible qu'ils ont organisée pour leur équipe. Certains n'en ont pas : c'est pour moi toujours un mauvais signe de leur volonté de déléguer, de réduire les délais et les coûts...* »

VOTRE CLASSIFICATION POUR CE CONSEIL

☐ **E pour Éliminer**   ☐ **T pour Transmettre**

☐ **C pour Classer**   ☐ **A pour Agir**

Deuxième partie
Les exercices

Prenons un peu d'altitude. Comment fonctionne notre intelligence, comment notre cerveau traite-t-il l'information ?

Les exercices

John Star n'est pas une personne réelle, il est la somme de comportements fréquemment observés chez les gens au travail.

Certains de ces comportements concernent tout le monde. D'autres plutôt les managers.

Dites-nous, pour chaque entrée de son carnet de notes, ce que vous pensez de John. Comment le jugez-vous ? A-t-il tort, a-t-il raison ? Que feriez-vous à sa place ?

John utilise des méthodes classiques d'organisation du travail personnel et d'équipe. Faites-en la liste et retrouvez leurs noms dans les conseils précédents.

Que fait-il bien selon les conseils ?

Quelles sont les erreurs d'organisation personnelle de John ?

Voici, sur une semaine, le carnet de note de John

Lundi

■ **2 h**

Souvent, je me réveille au milieu de la nuit. Je phosphore ! Mon intelligence est toujours en éveil.

■ **5 h**

Je me limite strictement à 9 heures de travail par jour. Je mets un point d'honneur à faire l'équivalent de 12 heures par une bonne organisation de mon travail.

■ **5 h 10**

Je dors 3 heures ou 10 heures par nuit. Je dois m'adapter aux circonstances. Un petit verre le soir m'aide à oublier les soucis.

■ **6 h**

Ma balance... 1m86, 96 kilos. Je suis trop gros ! Plus de sauce, plus de friture, uniquement de l'eau et cela devrait marcher.

■ **7 h**

J'ai un bureau en coin avec une vue magnifique. Le chauffage est déjà sur 22° mais j'ai encore un peu froid. Je vais mettre le thermostat sur 23°.

■ **8 h**

Je veux participer à toutes les réunions. C'est là que j'apprends, c'est là que j'influence.

8 h 30

J'ai dit à mes employés, ce matin, de faire ce pour quoi ils sont payés et rien d'autre. Pas de projets qui ne soient approuvés par tous !

9 h

Je préside la réunion de l'équipe. La réunion n'en finit pas, il est bientôt midi.

Ecouter, faire le point, donner de nouveaux objectifs, demander des plans d'action, la routine aussi dans cette filiale.

11 h

Je suis nerveux ! Qu'est-ce que je pourrais prendre ?

15 h

Ce déjeuner d'affaires était excellent. Le sommelier m'a fait goûter un Saint-Émilion que même Albert ne pourrait pas se payer. J'ai beaucoup de Bordeaux à la maison mais celui-ci, je ne le connaissais pas. Il sera à ma table dès ce soir avec les Duchaussois.

Ils servent toujours des olives en apéritif. Je n'aime pas les olives...

16 h

Je fouille partout sur mon bureau, dans mes piles de papiers qui se mélangent. Enfin, je retrouve le rapport.

■ **16 h 05**

J'aime le stress, cela élargit ma perspective.

■ **16 h 30**

J'ai acheté une lampe de bureau et j'ai fait éteindre l'éclairage plafonnier. Je me sens mieux durant les nombreuses heures que je passe devant l'écran de mon ordinateur.

■ **17 h**

Il pleut depuis trois jours, tout est gris dans le bureau et je n'ai plus de Prozac.

■ **18 h**

Je ne fais pas vraiment d'exercices physiques réguliers... Tout le monde dit qu'il faudrait mais je fonctionne bien comme cela.

Mardi

■ **7 h 15**

Un petit-déjeuner de reine, un déjeuner de princesse et un dîner de pauvre.

C'est ce que m'a dit le diététicien. Je suis ses conseils aveuglément. J'ajoute deux petites collations entre les repas. Je ne dois pas avoir faim.

■ **9 h**

Je commence par le courrier. Je lis tout et il y en a ! Je dois être informé et tout savoir.

10 h

Pendant que je mets la dernière main au protocole d'accord avec Duferblanc, j'entends ma secrétaire téléphoner à Gilbert. Curieux ! Je le croyais en vacances.

10 h 30

Mon équipe et moi avons passé ensemble un jour à écrire notre mission en deux pages et notre tableau de bord commun en 24 indicateurs. Cela évitera les malentendus.

11 h

On avait abordé 10 sujets au cours de cette conversation avec Don.

Il y aurait un second candidat pour l'achat de l'immeuble de l'avenue du Rhône. Nous n'en étions pas certains mais plusieurs personnes l'auraient déjà appris.

12 h

J'ai demandé à Ron de venir dans mon bureau. J'ai deux nouvelles à lui annoncer : une bonne et une mauvaise.

Je commence toujours par la mauvaise nouvelle.

13 h

J'aime laisser toujours la porte de mon bureau ouverte et répondre directement au téléphone. Il faut que je sois accessible aux employés et qu'ils sachent que je suis un bon patron.

■ *15 h*

Les employés sont souvent assis l'un en face de l'autre dans nos bureaux.

J'ai réorganisé tout cela pour qu'ils soient assis à 90°. S'ils ont besoin de se concentrer, ils sont mieux positionnés et s'ils ont besoin de parler à leurs collègues, il leur suffit de se tourner un peu.

■ *17 h 15*

Je sors de chez mon spécialiste en intelligence humaine. Mon test d'écoute dichotique, qui mesure ma capacité de faire plusieurs choses à la fois, est excellent, ma mesure de résistance au stress est bonne et mon QI est dans la norme.

J'ai tout pour être un bon manager... Champagne !

■ *18 h*

Je rentre chaque soir chez moi comme un arbre de Noël ! Plein de lampes rouges allumées dans ma tête ! Des soucis à la pelle.

J'ai 100 idées, intentions, désirs par jour. Soit ils viennent de mes collaborateurs qui me disent que je dois faire telle ou telle chose, soit ce sont des pensées qui naissent spontanément dans mon cerveau. Avant, je pensais les garder en mémoire. Mais depuis deux mois, je me suis discipliné. Chaque fois que j'ai une intention, une envie, chaque fois que je reçois une information qui me donne envie d'agir, de faire quelque chose, je m'arrête immédiatement. Une chose à la fois ! Et je décide, intention par intention.

Mais décider quoi, je ne peux pas chambouler tout mon agenda.

C'est simple, il ne faut pas plus d'une minute pour décider car maintenant je sais que je n'ai que quatre possibilités : Agir, Classer, Transmettre, Éliminer.

Le truc des malins, c'est de commencer par la fin, Eliminer, et pas par le début, Agir.

Pour une raison simple, 50 % des informations qui nous arrivent ne sont pas pour nous. Nous n'aurions pas donné un franc pour les obtenir.

La bonne réaction est d'abord de se dire « à éliminer » au lieu de penser : « si on me le dit, c'est que c'est bon pour moi, je vais faire quelque chose ».

Je transmets 30 % des informations que je reçois. Quelqu'un dans la société est mieux placé que moi pour réagir.

Dans 15 % des cas, l'information m'est vraiment destinée : à Classer dans mon planning. J'ai remarqué que seulement 5 % des messages qui m'arrivent, valent la peine d'Agir vite et de changer ma liste du jour, ma To Do list.

Chaque fois que j'ai une lampe rouge qui s'allume dans ma tête, je me pose automatiquement et immédiatement trois questions.

1. Est-ce important de réagir ?

2. Est-ce vraiment moi qui dois réagir ?

3. Est-ce que je peux faire ceci un autre jour ?

Vos commentaires

Mercredi

▪ *9 h*

Mon jour du tour des bureaux.

Je serre des mains, je vois des gens que je ne connais pas. Je leur souris toujours, ils doivent me voir de bonne humeur, même si je n'en ai pas souvent envie.

▪ *10 h*

Mes 6 chiffres, mon credo. J'ai décidé de mes six facteurs clés de succès. Ceux sur lesquels je me juge. S'ils sont dans le vert, je prends mon temps. S'ils sont dans le rouge, je travaille plus dur.

Ce n'est pas moi qui les mesure mais j'ai décidé de la façon de les mesurer pour qu'il n'y ait pas d'ambiguïté.

Les 3 premiers me sont imposés par mon métier, mais les trois autres sont plus personnels.

Si les 3 premiers sont dans le vert, je suis en sécurité et tout le monde m'aime bien mais ce n'est que si les 3 derniers sont dans le vert que je suis réellement fier.

▪ *10 h 30*

Je fais beaucoup mesurer et je fais afficher des graphiques partout. On ne peut pas améliorer ce que l'on ne peut pas mesurer.

▪ *11 h*

A 11 heures, ma barre de chocolat. Je l'aime noir.

▨ **11 h 15**

Je me réserve plusieurs plages de 90 minutes dans ma semaine pour le travail important.

En moins d'une heure, je ne produis rien de bon.

▨ **12 h**

EDS, *Environment Dependance Syndrome*, Syndrome de dépendance à l'environnement, mon médecin me dit que c'est une maladie typique du manager. Je croyais que c'était une entreprise américaine...

▨ **14 h**

Je n'ai aucune idée de ce que sera ma vie dans 5 ans, c'est impossible à dire.

Je dois avouer que les cours de la Bourse font varier mon humeur d'un jour à l'autre.

▨ **15 h 30**

J'avais décidé de dire non à ce budget important en entrant dans la salle du Conseil. Mais le directeur du service informatique a fait une magnifique présentation et je lui ai immédiatement accordé son budget.

▨ **17 h**

Je commence toujours la réunion en inscrivant au tableau la liste des questions claires et précises auxquelles nous devons avoir répondu à la fin de la réunion.

■ 17 h 15

J'aime bien travailler en ligne, au téléphone, en réunion. Moins de 3 secondes entre la question et la réponse. J'aime cela !

■ 18 h

Comment est-ce que je calcule ma productivité ?

En barrant au fur et à mesure les tâches de la liste des choses à faire que j'ai écrite avant d'arriver au bureau.

■ 18 h 30

Je passe par le club pour 30 minutes de gymnastique.

■ 19 h

J'ai toujours beaucoup d'idées quand je marche ou que je conduis, je les retiens, cela me sera sans doute utile pour la négociation de demain.

Jeudi

■ 8 h 30

Chaque jour, en roulant vers le bureau, je décide quelle sera « l'Affaire du Jour ». C'est un dossier que je veux absolument avoir finalisé avant ce soir. J'y consacre au moins une heure aujourd'hui et en plus, à chaque moment libre de la journée, je reviendrai à ce dossier. Je ne quitterai pas le bureau sans l'avoir signé.

Les jours où, par paresse, j'oublie de me fixer précisément une Affaire du Jour, j'ai remarqué que je suis moins efficace, je réponds aux urgences, je lis tout le courrier, je laisse ma porte ouverte et finalement, à la fin de la journée, je n'ai rien atteint comme objectif clair.

9 h

Ils semblent ne pas être capables de bien répartir le travail.

Je leur ai pourtant donné un objectif clair pour cette année !

9 h 15

J'ai un rôle très important dans cette société. Si on m'invite, je viens. Beaucoup de choses doivent encore se faire avec mon concours.

9 h 30

Je gère activement les 12 collaborateurs directs qui me rapportent. Je n'ai pas d'assistant ni de secrétaire. Cela ne se fait plus.

10 h

Je n'aimais pas trop ce tableau en face de mon bureau : ces hommes écorchés sur des croix ! Enfin, c'est un investissement à long terme m'a dit le directeur financier.

10 h 15

J'ai fait abattre toutes les cloisons des bureaux. J'aime les bureaux ouverts. Tout le monde peut s'apercevoir et s'entendre. C'est bon pour la communication !

■ *11 h*

Je prends un appel du directeur du service informatique. Est-ce que je veux personnellement ce nouveau modèle d'ordinateur ? Non, merci. Pas d'ordinateur chez moi, je suis un intuitif.

■ *11 h 30*

La négociation sera difficile. Je lui ai donné rendez-vous dans son bureau. La table de réunions était vaste et bien garnie sandwiches et de café. Je m'installe en face de lui comme d'habitude et je commence.

■ *13 h*

Jusqu'à 15 heures 30, je ferme ma porte et je m'occupe uniquement de mon Projet Vert.

Je sais que ce projet est risqué, que personne ne m'a demandé de le faire et même au contraire...

Je sais que je ne suis pas payé pour cela mais au moins, si cela réussit, je serai fier.

J'aurai attaché mon nom à cette réforme de l'entreprise, à ce nouveau business. Il faut pouvoir être novateur, être différent, c'est la seule chose qui justifie pleinement l'existence d'une entreprise et donc de moi.

On ne peut pas être aimé par tout le monde et tout le temps !

■ *14 h*

J'aime passer rapidement dans les bureaux, serrer quelques mains, mais je ne m'arrête pas. Pour pouvoir discuter avec moi, il faut prendre son temps. Mais au moins une fois par mois, j'accorde une heure à quelques collaborateurs. Malheureusement, ma liste d'attente est un peu longue.

15 h

J'aime finir ce que je commence. Si le vendeur me convainc, je lui signe son document immédiatement.

17 h

Je demande que tous les rapports qui me sont adressés commencent par la conclusion.

17 h 15

Je fais de la psychologie de cuisine : si c'est important, je le fais mettre en grand.

18 h

Qu'est-ce que le succès ? Comment compte-t-on les points dans la vie ?

C'est simple : la richesse, la célébrité, et le plaisir.

Les gains journaliers, la fortune en gestion, le nombre de pages publiées, le nombre de personnes en responsabilité, les surfaces de bureau et de logement à disposition, la notoriété, les titres, la rareté de l'expertise possédée.

Chacun classe ces critères comme il veut, par ordre d'importance, mais nous nous comportons comme si tous ces critères étaient importants.

Je veux augmenter mes compensations, mon salaire, ma valeur sur le marché du travail de 10 % par an.

Vos commentaires

Je veux avoir 400 m² d'habitation avant 45 ans.

Je veux avoir, en responsabilité, une unité d'au moins 500 personnes.

■ *18 h 30*

Quand je joue, j'oublie tout. Je suis ailleurs, je vis dans un autre monde. Sans cette passion, je ne crois pas que je serais un bon manager.

Vendredi

■ *6 h*

Vite un café le matin, je mangerai bien au Cygne à midi avec le Président. Avec lui, je suis sûr de déguster une bonne bouteille et d'avoir le temps d'apprécier.

■ *8 h*

J'ai une discipline de fer, un agenda dont je dévie au minimum.

C'est ma façon d'apporter de la certitude dans un monde de brutes.

■ *8 h 15*

Voir ce qu'il y a à faire, le faire. C'est tout !

■ *8 h 30*

Conseil d'administration. Je mets mon costume sombre, une cravate rouge et une chemise blanche.

Je dois convaincre de cet investissement. Ils m'ont donné 10 minutes. Je vais commencer par un rappel du dossier. Non, je commencerai par la conclusion.

Vos commentaires

■ 8 h 45

Cette négociation est difficile. Mon pouls s'accélère, je respire plus vite... Je suis en forme.

■ 9 h

J'ai limité les réunions. Il y a encore un an, je passais la moitié de mon temps en réunions.

■ 9 h 30

Mon équipe est tendue. Souvent, nous ne nous comprenons pas. Nous ne volons pas en escadrille.

C'est décidé, je fais le test, à l'acide, de l'esprit d'équipe.

Prenez un papier et notez de un à six mes critères de performance sur lesquels je juge notre business. Ceux sur lesquels je me juge moi-même, du plus important au moins important. J'ai fait ce tableau de bord hier soir, il est sur ce tableau blanc, caché pour l'instant. Si vous devinez mes six critères de performance et dans l'ordre nous débouchons le champagne.

Puis, nous ferons l'inverse. J'ai aussi noté pour chacun d'entre vous les six critères sur lesquels je vous juge, vous et vos départements. Dans un second temps, devinez ce que j'ai choisi comme tableau de bord pour vous. En principe, si nous communiquons bien, vous ne devriez avoir aucune difficulté à les deviner.

■ *10 h*

J'applique une discipline quand il faut décider. J'évalue d'abord l'enjeu de la décision, le coût si l'on se trompe et j'alloue le temps de réunions consacré à cette question en fonction de cet enjeu.

S'il s'agit de choisir un nouveau photocopieur et qu'après 5 minutes ils n'ont pas décidé, je décide seul et vite. De toute façon, cette entreprise fabrique des photocopieurs pour toutes les marques.

Le coût, c'est le temps de nos salariés ; il ne faut pas dépenser 1 000 euros pour une décision à 100 euros.

Je n'ai pas peur de décider seul. Bien sûr, il y a plus dans 10 têtes que dans une. Mais le coût de la décision est lui aussi de 10 fois supérieur!

■ *15 h*

Sur mon bureau, j'aime bien laisser sous le coude, dans un coin, les documents qui demandent une décision. Je leur laisse le temps de mûrir dans mon subconscient.

■ *16 h*

Je ne m'y retrouve plus dans le rapport mensuel. Je ne veux pas de lignes de chiffres. Je veux des réponses à mes questions. Les plus fréquentes ne sont pas plus d'une vingtaine et ils les connaissent !

■ *17 h*

Je tiens beaucoup à mon thé de 17 heures. Je ne sacrifie cette brève cérémonie qu'exceptionnellement.

Vos commentaires

Quelles que soient les circonstances, je prends 10 minutes pour ma cérémonie du thé à 17 heures précises.

Je ferme la porte du bureau, je prépare l'eau et les feuilles de thé. J'exécute des gestes précis. Je bois et je lave ma tasse. J'aime le bruit sec que fait la tasse quand je la repose précisément à sa place. Le claquement de l'armoire à thé clôture cette petite messe.

17 h 45

Le soir tombe déjà. J'allume ma lampe de bureau.

18 h

Je m'inquiète de mes sautes d'humeur. Ces derniers temps, je suis sensible à tout.

Une vente faite et j'offre le champagne à tout le monde. Une petite contrariété et j'envisage de démissionner. Cela doit être l'excitation normale d'un nouveau poste !

Samedi

8 h

J'écris ma biographie 20 minutes tous les samedis matins. Cela peut paraître prétentieux mais cela m'aide. Je ne sais pas si elle sera un jour publiée.

10 h

Cinq minutes, tous les samedis matins, religieusement, je note ce que j'ai fait d'important cette semaine. Les petits pas vers mes grands objectifs. Pas la routine, pas ce pour quoi je suis payé. Juste ce dont je suis fier.

Malheureusement, seulement un ou deux faits par semaine sont notables.

■ *11 h*

Je devrais suivre des cours d'intelligence émotionnelle. Changer la façon dont je considère les gens, changer mon mode de communication.

■ *14 h*

J'ai un second métier : jardinier. J'ai publié 3 articles avec de belles photos dans une revue locale. C'est ma passion. Quand je suis dans mon jardin, je ferme la porte derrière moi et plus rien n'a de l'importance.

Ici, pas de patron, pas de profit, pas d'événements qui changent tout. C'est ma citadelle et la tempête de ma vie d'affaires ne l'atteint pas.

© Eyrolles-Pratique

Mes commentaires

Lundi

■ **2 h**

C'est un signe de stress avancé, il doit changer quelque chose à sa vie.

■ **5 h**

C'est tout à fait possible, s'il réorganise bien son temps, son espace, ses objectifs.

■ **5 h 10**

Non, il faut un sommeil régulier et l'alcool le soir endort un peu mais ne favorise pas le sommeil réparateur.

■ **6 h**

Oui, il a environ 10 kg de trop. Oui, le régime qu'il décrit est généralement reconnu.

■ **7 h**

Non, le confort thermique dépend plus de la différence de thermostat entre la surface la plus chaude et la surface la plus froide de votre bureau. Pas plus de 5° !

■ **8 h**

Non, soyez très avare de votre participation aux réunions.

■ **8 h 30**

Non, chacun doit être autorisé à avoir un Projet Vert.

■ 9 h

Non, une réunion doit être mieux organisée pour être efficace.

■ 11 h

Du chocolat noir.

■ 15 h

Non, un repas de midi lourd et alcoolisé diminue nettement vos résultats l'après-midi. Mais libre à vous de préférer le plaisir au travail.

Non, il faut manger trois olives avant, pour avoir le goût sans l'ivresse.

■ 16 h

Non, il faut travailler sur un bureau dégagé.

■ 16 h 05

Non, c'est l'inverse. Le stress fait perdre la vision globale d'une situation.

■ 16 h 30

Oui, c'est une règle ergonomique.

■ 17 h

C'est une dépresssion saisonnière, il devrait prendre le soleil.

■ 18 h

Oui, 15 minutes d'exercice après le travail.

Mardi

■ 7 h 15

Oui, c'est une bonne idée.

■ 9 h

Non, il ne faut pas commencer sa journée par la lecture de son courrier. Vos objectifs ont priorité sur ceux des autres.

■ 10 h

Il ne se protège pas assez des voix. Ses résultats en sont sûrement diminués.

■ 10 h 30

Oui, c'est un excellent moyen de construire une équipe performante.

■ 11 h

Travailler c'est stressant, autant le savoir et l'accepter avant d'accepter des responsabilités.

■ 12 h

Non, il faut commencer par la bonne nouvelle avant la mauvaise. Les études montrent que l'opinion globale de vous sera meilleure.

■ 13 h

Non, il faut se protéger des interruptions pendant une partie significative de son temps de travail.

■ 15 h

Oui, c'est une bonne idée.

■ 17 h 15

Oui, ces tests sont relativement fiables et ont une bonne base statistique.

■ 18 h

Oui, il applique bien la discipline, à chaque intention une décision.

Mercredi

■ **9 h**

Oui, ce sont des techniques classiques de leadership.

■ **10 h**

Oui, c'est une bonne structure pour un tableau de bord personnel.

■ **10 h 30**

Oui, c'est une bonne idée.

■ **11 h**

Oui, c'est un *Zeitgeber* classique.

■ **11 h 15**

Oui, le temps de chauffe des parties les plus intelligentes du cerveau est assez long.

■ **12 h**

Exact, à soigner si nécessaire en augmentant votre protection.

■ **14 h**

Non, avoir une idée claire de ce que l'on veut, de ce que l'on aime à long terme est toujours utile.

■ **15 h 30**

Non, votre réorganisation n'est pas à son sommet en réunion.

Ne changez pas une décision aussi importante dans un tel environnement. Demandez une brève interruption pour réfléchir.

■ **17 h**

Oui, c'est une bonne façon d'augmenter l'efficacité d'une réunion.

■ **17 h 15**

Non, moins de 3 secondes entre la question et la réponse diminue la qualité de la réponse, si la question est importante.

■ **18 h**

Oui, pour ceux qui ont beaucoup de choses à faire.

■ **18 h 30**

Oui, un peu d'exercice physique, juste après le travail, est une bonne idée.

■ **19 h**

Non, on ne retient jamais toutes les idées que l'on a. Il faut les noter.

Jeudi

■ **8 h 30**

Oui, focaliser votre journée sur un objectif précis et atteignable en un jour, est un facteur d'efficacité.

■ **9 h**

Non, pour fixer un objectif à une personne, il vaut mieux choisir la semaine et le trimestre plutôt que le mois et l'année.

■ **9 h 15**

Non, vous surestimez souvent l'importance de votre présence.

■ **9 h 30**

Non, c'est trop de stress.

■ **10 h**

Non, il vaut mieux un tableau blanc avec votre tableau de bord si vous augmentez votre efficacité.

■ **10 h 15**

Non, il faut trouver un équilibre entre les endroits où l'on peut se concentrer et les endroits où l'on peut communiquer.

■ **11 h**

Non, il faut vous informatiser personnellement si vous voulez augmenter votre efficacité.

■ **11 h 30**

Non, les psychologues d'entreprise pensent qu'il ne faut pas s'asseoir face à face pour une négociation difficile.

■ **13 h**

Oui, avoir un Projet Vert est un conseil souvent choisi et appliqué.

■ **14 h**

C'est une technique classique de leadership.

■ **15 h**

Non, il ne faut jamais signer face au vendeur, votre intelligence n'est pas à son mieux à ce moment.

■ **17 h**

Oui, commencez par ce que vous avez à dire d'important, votre communication sera plus efficace.

■ **17 h 15**

Oui, cela marche bien.

■ **18 h**

Oui, c'est une réflexion que beaucoup de personnes font.

■ **18 h 30**

Oui, une passion équilibre votre vie professionnelle.

Vendredi

■ **6 h**

Non, la bonne façon de se nourrir c'est un petit-déjeuner consistant et un déjeuner léger... si vous pensez efficacité.

■ **8 h**

Oui, si votre environnement est incertain, votre organisation doit être certaine.

■ **8 h 15**

Oui, apprenez l'une ou l'autre technique de concentration, cela vous sera utile.

■ **8 h 30**

Oui, il y a des techniques de présentation qui sont plus efficaces que d'autres.

■ **8 h 45**

Non, si vous respirez trop vite et si votre cœur s'accélère, votre cerveau en subit les conséquences et votre intelligence peut en souffrir.

■ **9 h**

Oui, les études d'efficacité montrent que si vous diminuez votre temps en réunions, votre productivité globale augmente souvent.

■ **9 h 30**

Oui, c'est un excellent exercice à faire en équipe. Pour mieux vous comprendre, il vous faut un tableau de bord commun.

■ **10 h**

Oui, c'est une méthode prouvée efficace.

■ **15 h**

Non, cette mauvaise habitude augmente votre stress et diminue votre efficacité.

■ **16 h**

Oui, la meilleure façon de présenter l'information à une personne, c'est de répondre à ses questions.

■ **17 h**

Oui, c'est une méthode efficace pour augmenter votre résistance au stress.

■ **17 h 45**

Oui, achetez votre propre lampe de bureau pour avoir un bon éclairage.

■ **18 h**

C'est un signe grave de surcharge de travail.

Samedi

■ **8 h**

Oui, c'est une bonne technique pour augmenter votre efficacité.

■ **10 h**

Oui, cette discipline est appliquée par plus de personnes que vous ne pensez.

■ **11 h**

Non, c'est peine perdue pour un adulte.

■ **14 h**

Oui, poser un troisième pilier à votre vie va la stabiliser.

EXERCICE 2
Les exercices individuels

Écrivez la première page de votre biographie

Que voulez-vous que l'on dise de vous à votre mort, à votre départ à la retraite ? Si vous deviez faire faire votre biographie, que voudriez-vous qu'il soit noté sur la première page du livre ?

Faites l'exercice de choisir le titre du livre, le sous-titre et un quart de page.

....
....
....
....
....
....
....
....
....
....
....

Écrivez votre mission en une page

Le but de l'exercice est d'apprendre à vous définir à long terme, pour une période de cinq à dix d'années.

Une personne se fixe en général six à sept grandes missions au cours de sa vie.

Une mission est un but du plus haut niveau qui justifie votre existence et vos efforts durant ces années.

Une mission doit avoir un caractère différenciant. Après l'avoir accomplie, vous ne devriez plus être vraiment le même, votre monde ne devrait plus être tout à fait le même.

Des exemples fréquents :

- Avoir payé sa maison.
- Avoir un enfant ayant terminé de hautes études.
- Avoir économisé assez pour pouvoir travailler à mi-temps.
- Avoir fondé une société, un commerce qui marche.
- Avoir obtenu un diplôme en archéologie.
- Avoir gagné une coupe importante avec son équipe de football.
- Être admis dans un cercle restreint.
- Finir une œuvre d'art.

....
....
....
....
....
....
....
....
....

Décrivez en une page votre journée idéale dans 5 ans

Pour vous, comment se passerait une journée idéale dans trois à cinq ans ?

Répondez aux questions suivantes en une page maximum.

- Avec qui vivrez-vous ?
- Où vivrez-vous ?
- Comment occuperez-vous votre temps en dehors du travail ?
- Combien gagnerez-vous par votre travail ?
- Combien de personnes travailleront dans votre unité ?
- Quels seront vos titres ?
- Quelles seront vos activités professionnelles ?
- Quelle sera votre réputation ?

Gagner en **efficacité**

Présentez-vous sans parler de votre métier ni de votre famille

Existez-vous en dehors de votre métier, en dehors du travail que votre employeur vous donne actuellement ? Existez-vous en dehors de votre famille ?

Faites l'exercice de vous présenter en quelques phrases à une personne qui ne vous connaît pas. La seule règle est que vous ne pouvez pas parler de votre profession, ni de votre famille.

Si vous avez peu à dire, il est probable que vous ayez besoin d'un troisième pilier à votre vie. Juste en cas de secousses avec l'un des deux autres.

Bonjour, je suis...

....
....
....
....
....
....
....
....
....
....
....
....
....

Faites le total des investissements que vous avez faits en vous durant les cinq dernières années

Contrairement à ce que tous les financiers vous disent il y a bien deux types d'investissements à très faibles risques et à très hauts revenus :

- Payer vos dettes.
- Investir en vous.

Qu'avez-vous dépensé pour acquérir de nouvelles compétences, de nouveaux pouvoirs ? Qu'avez-vous dépensé pour acquérir de nouveaux équipements personnels qui vont augmenter votre productivité ?

Ces frais sont souvent déductibles d'impôts s'ils peuvent générer des revenus dans le futur. Ne comptez plus sur votre entreprise pour vous fournir ces outils : vous lui êtes de plus en plus infidèle, elle le sera aussi.

En début et en milieu de carrière, beaucoup de personnes investissent elles-mêmes – formation, matériel, assistance privée – jusqu'à 5 % de leurs revenus chaque année.

Éducation :   Eur/An

....

....

Assistance, aide personnelle :   Eur/An

....

....

Équipement de productivité :   Eur/An

....

....

Gagner en **efficacité**

Testez régulièrement votre valeur sur le marché du travail

Rédigez votre curriculum vitæ et affichez-le sur le plus de sites Web spécialisés possibles. Voyez ce que l'on vous propose comme responsabilité et comme compensation financière. Il existe des livres simples pour vous y aider.

Refaites le point chaque année ou à chaque changement significatif dans votre carrière. Pouvez-vous ajouter une ligne ou deux à votre CV ?

Faites le test en variant vos exigences. Vérifiez, pas exemple, ce que l'on vous propose selon que vous ne vouliez pas travailler en dehors de votre ville ou selon que vous soyez disposé à travailler n'importe où dans le pays. Vous pourrez ainsi calculer votre manque à gagner pour garder votre confort et faire ainsi un choix informé.

Et si vous connaissiez l'anglais ou le logiciel Excel, combien de responsabilités vous offrirait-on en plus ?

Faites le test. C'est facile !

© Eyrolles Pratique

Construisez votre tableau de bord privé

Faites le classement, par ordre d'importance pour vous, en ce moment, des 24 indicateurs de succès dans la vie. La liste de ces indicateurs est donnée dans le tableau de bord des valeurs, en annexe.

Votre choix évoluera bien sûr avec le temps.

L'importance de cet exercice est d'avoir des volontés, des buts équilibrés entre ces 4 secteurs principaux.

Mon tableau de bord privé

Richesse, sécurité financière

....

....

Reconnaissance, réputation, célébrité

....

....

Pouvoir, responsabilités, influences

....

....

Qualité de vie, bonheur

....

....

Gagner en **efficacité**

Construisez votre tableau de bord professionnel

Si demain vous deviez être payé en fonction de vos résultats, sur quoi, sur quels critères mesurables aimeriez-vous être jugé ?

Le tableau de bord d'un professionnel comporte en général six chiffres ; trois chiffres issus de sa description de poste, de son rôle dans l'entreprise ou reçus de sa hiérarchie et trois chiffres qu'il se choisit lui-même en fonction de la façon dont il veut atteindre ses objectifs.

Choisissez trois objectifs professionnels chaque trimestre qui, s'ils sont atteints, vous permettront de respecter vos engagements annuels. Ces objectifs doivent être mesurables.

Choisissez trois autres chiffres qui représentent plus vos facteurs personnels.

Les indicateurs choisis définissent votre manière personnelle d'atteindre les indicateurs imposés.

Mon tableau de bord professionnel

Indicateurs imposés par mon environnement

....

....

....

....

Indicateurs que je choisis

....

....

....

....

Deuxième partie : les exercices

**Faites les six exercices suivants pour vérifier
vos connaissances, votre acquis de cette lecture**

1. Décrivez le bureau idéal.

Décrivez en une page, l'environnement de travail idéal pour un travail de concentration.

Comment est arrangé le bureau ? Quels sont les équipements ?

....

....

....

....

....

....

....

....

....

....

....

....

....

....

....

....

....

....

2. Décrivez le planning horaire idéal d'une journée de travail.

Par quoi commencez-vous idéalement votre journée ?

Par quoi finissez-vous la journée ? Que faites-vous avant d'arriver au bureau ?

© Eyrolles Pratique

3. Faites la liste de toutes les techniques anti-stress que vous connaissez.

....
....
....
....
....
....
....
....
....
....
....
....
....
....
....
....
....
....
....
....
....
....
....
....

4. Faites la liste de toutes les techniques d'amélioration du travail en équipe que vous connaissez.

5. Vous êtes manager et vous voulez augmenter votre leadership.

Que faites-vous ?

....

....

....

....

....

....

....

....

....

....

....

....

....

....

....

....

....

....

....

....

....

....

....

....

....

....

....

6. Vous devez prendre une décision. De quoi vous méfiez-vous ?

L'exercice Projet Vert

Décidez de réaliser un projet personnel innovant au travail. Ce projet doit être issu de votre propre initiative et doit apporter, s'il réussit, une amélioration, un avantage à votre équipe, à votre entreprise. Le projet doit être novateur et ne doit pas faire partie de vos fonctions normales.

Donnez un nom à ce projet, un objectif précis et mesurable, une date de début et une date de fin.

Bloquez 10 % de votre temps pour faire ce projet.

Ce type de projet permettra de mettre en évidence concrètement votre personnalité, votre différence, votre créativité.

Mon Projet Vert actuel

Résultat attendu et vérifiable :

....

....

Date de début et de fin :

....

....

Le temps que j'y consacre :

....

....

Gagner en **efficacité**

Écrivez le texte du bref discours que vous voudriez idéalement que l'on prononce à votre départ de votre poste professionnel actuel

Un professionnel veut souvent transformer, améliorer le poste qu'il occupe pendant quelques années dans une entreprise.

Quel changement, amélioration, nouveauté sera attaché à votre nom au cours de votre passage comme occupant de votre poste actuel ? En quoi se souviendra-t-on de vous dans votre entreprise, dans votre département ? Quelle trace tangible et durable allez-vous laisser ?

En quoi votre successeur au poste que vous quittez trouvera-t-il quelque chose de différent de ce que vous y avez trouvé vous-même en arrivant ?

Des exemples : vous avez amélioré une procédure ; vous avez réalisé une informatisation, une fusion ; vous avez doublé la taille de votre unité.

Quels sont les Projets Verts que vous avez réussis durant ces années ?

....
....
....
....
....
....
....
....

EXERCICE 3
Les exercices d'équipe

Devinez les critères de succès du numéro un de votre équipe

Le numéro un de l'équipe doit noter les douze critères de succès de son équipe, ceux sur lesquels il aimerait être jugé, lui et son équipe. Il doit ensuite les classer par ordre d'importance de 1 à 12.

Tous les indicateurs doivent être mesurables

Chacun des membres de l'équipe doit deviner ce que le numéro un a noté sur son papier, c'est-à-dire les noms exacts des douze critères et leur ordre d'importance.

Si ses équipiers ne devinent pas exactement tous ses critères et leur ordre précis d'importance, il est probable que l'équipe éprouvera des difficultés à se comprendre et à travailler ensemble parfaitement.

Clarifiez les règles du jeu dans votre équipe

Chaque membre de l'équipe doit noter les six critères sur lesquels il croit être jugé par le numéro un de l'équipe.

Le numéro un doit noter, pour chacun des membres de son équipe, les 6 critères selon lesquels il juge chacun d'eux.

La concordance entre les deux listes doit être la meilleure possible pour constituer une bonne équipe.

Décidez d'un tableau de bord commun en douze critères de performance

À partir des 12 critères choisis par le numéro un et à partir des six critères choisis par chacun des membres de l'équipe, sélectionnez les 12 critères qui recueillent le consensus de tous les membres de l'équipe, comme étant les plus importants pour tous.

Vérifiez que tous ces indicateurs :

- Supportent les objectifs assignés à l'équipe.
- Supportent la mission de l'équipe.
- Couvrent l'ensemble des activités significatives de l'équipe.
- Soient équilibrés entre le court et le long terme.
- Montrent l'état des ressources de l'équipe.
- Reflètent la satisfaction des clients et des membres de l'équipe.
- Soient mesurables.

Créez votre salle d'équipe

Choisissez une salle de réunions que vous utilisez régulièrement. Préparez 12 panneaux muraux de 1 mètre sur 70 centimètres que vous accrochez au mur. Prenez 3 panneaux noirs, 3 rouges, 3 bleus et 3 blancs. Mettez en titre des panneaux les questions importantes de gestion pour votre équipe ou pour votre unité.

© Eyrolles Pratique

Voici un exemple vécu très classique.

Sur les trois panneaux noirs

■ Allons-nous atteindre nos objectifs ?
■ Sommes-nous en danger ?
■ Comment vont nos finances ou nos ressources ?

Sur les trois panneaux bleus

■ Réduisons-nous nos coûts et nos délais ?
■ Augmentons-nous notre qualité ?
■ Augmentons-nous notre productivité ?

Sur les trois panneaux blancs

■ Suivons-nous nos plans ?
■ Comment vont nos grands projets ?
■ Quelles sont les décisions à prendre ?

Sur les trois panneaux rouges

■ Satisfaisons-nous notre entreprise ?
■ Satisfaisons-nous nos clients ?
■ Comment sont les facteurs externes qui influencent nos résultats ?

Pour chaque panneau, trouvez et affichez trois indicateurs qui répondent à la question du panneau.

L'exercice « Créez votre Bible d'équipe »

Établissez ensemble la liste des 20 demandes/questions/problèmes les plus fréquents qui peuvent se poser à n'importe lequel des membres de votre équipe.

Pour chacun de ces problèmes, écrivez ensemble une liste de ce qu'il faut faire idéalement pour résoudre le problème, pour répondre à la question, pour répondre à la demande.

Le but est de vous mettre d'accord sur une réaction de qualité par rapport aux demandes externes les plus fréquentes.

Chaque membre de l'équipe note d'abord individuellement les 6 demandes/questions/problèmes qu'il doit résoudre le plus fréquemment. Il note ensuite, sous forme d'une liste d'actions, comment il résout le problème.

L'équipe se réunit ensuite pour arbitrer les meilleures méthodes.

Il est important de décrire précisément chaque solution sous forme d'une liste d'actions standardisées et susceptibles d'être déléguées.

La collection de ces règles de bonne pratique, de ces procédures standards, constitue la Bible de l'équipe.

Cette Bible est constamment revue et améliorée, cas après cas, à chaque fois qu'une solution ne donne pas satisfaction ou qu'un nouveau problème fréquent à résoudre s'y ajoute.

Troisième partie
Aide-mémoire

1. Les huit erreurs d'organisation les plus fréquentes

2. La liste des conseils résumés en deux lignes

3. Le tableau de bord des valeurs : liste des indicateurs de succès (P. Georges)

4. Exemples de principes pour la qualité de votre organisation

5. Les 9 règles les plus employées de intelligence automatique

6. En pratique, pour aller plus loin

7. Votre plan d'action

AIDE-MÉMOIRE 1
Les huit erreurs d'organisation les plus fréquentes

- Ne pas se protéger assez des interruptions.
- Ne pas avoir de tableau de bord personnel.
- Ne pas se concentrer sur la tâche actuelle.
- Ne pas planifier et respecter un agenda.
- Ne pas utiliser assez les technologies à sa disposition.
- Ne pas se donner assez de principes.
- Ne pas avoir un troisième pilier à sa vie.
- Ne pas chercher – et trouver – son point S, l'équilibre entre ambition et passivité.

AIDE-MÉMOIRE 2
La liste des conseils résumés en deux lignes

Voici le résumé en deux lignes de quelques-uns des conseils afin que vous puissiez vous faire une idée rapide de l'effort qui est en jeu.

Étape 1 : Conseils pour votre santé physique

Un petit-déjeuner de reine, un déjeuner de princesse, un dîner de pauvre.

☛ *Désolé, mais vous m'avez dit que vous vouliez être un athlète de l'intelligence !*

Faites 15 minutes d'exercice physique tous les jours.

☛ *Pour être riche, célèbre et puissant, il faut être fort !*

Très peu d'alcool.

☛ *Mangez des olives avant de boire de l'alcool.*

Mangez du chocolat noir.

☛ *Des éléments rares.*

Ce qui est beau est bon.

☛ *C'est faux mais ça marche, soignez votre présentation.*

Couché et levé toujours à la même heure.

☛ *Même le week-end.*

Apprenez à connaître votre horaire idéal de sommeil.

☛ *C'est votre gène Clock qui l'a fixé.*

Pas de sport, de repas lourd, de café, de thé, d'alcool.

☛ *Moins de 2 heures avant le coucher.*

Étape 2 : Conseils pour votre santé mentale et pour votre résistance au stress

A chaque intention, une décision.

☛ *Faites quelque chose pour chaque lampe rouge qui s'allume dans votre tête.*

Éliminez plus !

☛ *50 % des messages qui arrivent ne sont pas faits pour vos intérêts.*

Mettez un bloc-notes sur votre table de chevet.

☛ *Notez-y vos désirs, vos intentions, vos soucis, vous dormirez mieux !*

Prenez le thé à 17 heures.

☞ *Gardez « religieusement » un bref rendez-vous avec vous-même tous les jours.*

Variations d'humeur, troubles du sommeil ?

☞ *Attention, vous êtes dans le rouge, ralentissez !*

Organisez vite votre second métier, votre passion, votre art, votre discipline, votre sport.

☞ *Il vous faut une citadelle, un refuge qui dépende peu de l'argent et des autres.*

Ne pensez qu'à ce que vous voyez.

☞ *Voyez qu'il y a quelque chose à faire. Faites-le ! C'est tout.*

La concentration est la meilleure façon d'augmenter son intelligence.

☞ *Faites une chose à la fois et finissez ce que vous commencez.*

Ne soyez pas stressé parce que l'on vous demande de vivre !

☞ *Vivre, c'est résoudre des problèmes. Développez votre propre philosophie.*

Le stress, c'est l'incertitude.

☞ *Une bonne organisation personnelle réduit l'incertitude.*

Si vous êtes stressé, sachez que vous allez prendre des détails pour des choses importantes.

☞ *C'est inévitable, il faut juste que vous en soyez conscient.*

Étape 3 : Conseils pour l'aménagement de votre bureau

Dégagez votre bureau avant de partir !

☞ *Vous travaillerez bien mieux demain sur un bureau vide.*

Protégez-vous des voix !

☛ *Elles perturbent fortement votre intelligence.*

Augmentez l'éclairage les jours gris.

☛ *Nous avons besoin de beaucoup de lumière, sans variation.*

Remplacez les lumières de plafond par des lumières de bureau si vous travaillez sur écran.

☛ *Les reflets sur les écrans sont néfastes !*

Pas de fenêtres sans stores orientables dans un bureau avec ordinateurs.

☛ *Les reflets nuisent à votre confort.*

Vous êtes souvent sous-éclairé.

☛ *Achetez votre propre lampe de bureau.*

Allumez votre lampe de bureau !

☛ *Forte lumière concentrée, forte productivité.*

Pas plus de 5° C de différence entre la surface la plus froide et la plus chaude du bureau.

☛ *Votre confort de travail diminuerait fortement.*

Si vous devez faire un travail important, protégez-vous.

☛ *Pas de voix, pas de visages, pas d'interruptions.*

Fermez votre porte de temps en temps.

☛ *Être aimé ou être respecté, on ne peut pas toujours avoir les deux.*

Travaillez dos-à-dos et pas face-à-face avec vos collègues.

☛ *Désolé, mais vous vouliez être plus productif à certains moments...*

Achetez un très bon ordinateur et passez du temps à bien connaître vos logiciels.

☛ *Votre force, c'est votre équipement et vous.*

Pendez un tableau blanc en face de votre bureau

☛ *Si c'est dans votre champ visuel, c'est important.*

Mettez un répondeur aussi sur le téléphone interne.

☛ *Vos réponses : vite ou bien ?*

Étape 4 : Conseils pour votre travail quotidien

Bloquez une heure par semaine pour mieux connaître vos logiciels.

☛ *Votre valeur sur le marché, c'est vous et vos logiciels.*

Protégez-vous des interruptions deux heures par jour !

☛ *Une interruption, c'est vingt minutes de perdu pour vous.*

Utilisez votre répondeur téléphonique plus souvent.

☛ *Vous êtes plus intelligent si vous avez plus de temps entre la question et votre réponse.*

Répondez moins vite aux questions importantes que l'on vous pose.

☛ *Moins de trois secondes entre la question et la réponse : erreur assurée.*

Ne commencez pas votre journée par la lecture du courrier.

☛ *Vos objectifs ont priorité sur ceux des autres.*

Pas de réunion avant 11 heures.

☛ *Votre intelligence du matin est puissante mais perturbée par les autres.*

Chaque matin au réveil, choisissez votre Affaire du Jour.

☛ *Décidez de finir une chose importante avant ce soir.*

Remplissez votre « carnet de bord » tous les samedis matins.

☛ *Notez-y ce que vous avez fait d'important pendant la semaine.*

Ne sortez pas de votre bureau sans bloc-notes.

☛ *N'encombrez pas votre mémoire d'intentions, elle n'en retient que le stress.*

Calculez votre productivité en cochant votre liste « À Faire ».

☛ *Commencez par l'important et partez à temps, vous n'aurez de toute façon jamais fini.*

Ne répondez pas aux messages quand ils arrivent.

☛ *Lisez-les et écoutez-les au moment où vous l'aurez programmé, sauf si vous êtes pompier.*

Dormez avant de décider.

☛ *La nuit porte conseil. Un conseil de grand-mère, une base scientifique.*

Étape 5 : Conseils pour vos objectifs et pour vos priorités

Écrivez en une page votre mission privée et votre mission professionnelle.

☛ *Décidez ce que devrait être votre journée idéale dans cinq ans, ce qui devrait être marqué sur votre tombe, ce que devrait être la première page de votre biographie.*

Décidez des 6 critères importants pour vos résultats et cotez-les.

☛ *Trois vous sont en général imposés par votre environnement et trois sont de votre choix personnel.*

Écrivez vos propres 10 commandements.

☛ *C'est le seul moyen de trier efficacement et rapidement le trop d'informations qui vous inonde.*

Désirez ce que vous avez, plus 10 %.

☛ *Sans commentaire.*

Affichez vos objectifs et vos résultats en face de votre bureau !

☛ *On ne peut améliorer que ce que l'on peut mesurer.*

Donnez-vous un objectif mesurable tous les trois mois,

☛ *Ce qui est mesuré est fait.*

Décidez chaque trimestre de votre Projet Vert.

☞ *Faites quelque chose de personnel, de différent, de risqué chaque trimestre.*

Déterminez-vous.

☞ *Équilibrez vos objectifs et vos limites entre les quatre secteurs et les 24 indicateurs classiques de succès dans la vie.*

Étape 6 : Vous êtes manager : conseils pour votre travail en équipe et en entreprise

Passez un peu moins de temps en réunions chaque année.

☞ *Calculez le coût/bénéfice de votre présence à chaque réunion.*

Donnez à votre équipe un objectif mesurable toutes les semaines.

☞ *Ce qui est mesuré est fait.*

Planifiez une réunion d'équipe tous les vendredis après-midi.

☞ *Mieux vaut donner les objectifs avant un repos qu'avant une journée de travail.*

Ne gérez activement pas plus de trois collaborateurs directs !

☞ *Votre stress est proportionnel au nombre de personnes que vous dirigez activement.*

Augmentez votre visibilité, diminuez votre accessibilité, gardez votre disponibilité.

☞ *C'est la recette des leaders !*
Ne jamais vous justifier, ne jamais vous plaindre ça marche pour augmenter votre leadership.

Chaque semaine, ajoutez une page à la Bible de votre équipe.

☞ *Déléguez en écrivant vos instructions dans le grand livre.*

Faites des choses qui vous feront respecter autant qu'aimer.

☛ *On ne peut pas être aimé par tout le monde et tout le temps.*

Créez une vraie équipe en décidant d'un tableau de bord commun.

☛ *Votre équipe ne connaît pas votre tableau de bord et vous ne connaissez pas celui de ses membres.*

Vous n'êtes pas au mieux de votre intelligence en réunion. N'y décidez rien d'important.

☛ *Trop de voix, trop de visages, trop de distractions pour votre cerveau.*

Ne souriez pas si vous n'en avez pas envie.

☛ *Un faux sourire se détecte toujours.*

Ne dépensez pas 1 000 euros pour une décision à 100 euros.

☛ *Décidez sans tout savoir, n'essayez pas de tout contrôler, vous n'y arriverez pas.*

Commencez vos présentations par la conclusion.

☛ *Votre audience a une minute d'attention vraie pour vous.*

Ne signez jamais en face du vendeur.

☛ *Votre intelligence n'est pas à son mieux dans ces circonstances.*

Affichez en grand et de façon permanente toutes les informations utiles à vos décisions.

☛ *Pour votre intelligence, si c'est grand et permanent, c'est important.*

Consacrez une salle de réunions à la prise de décision en équipe.

☛ *Équipez-vous d'une vraie salle de management avec tous les tableaux de bord affichés aux murs.*

Faites la liste des 24 questions qui vous préoccupent le plus.

☛ *Formalisez vos besoins d'informations, à revoir tous les 3 mois.*

Soudez votre équipe en écrivant une page précisant votre mission collective.

☛ *Écrivez votre propre mission avant.*

Trouvez-vous un co-pilote.

☛ *Il est difficile d'agir et de réfléchir en même temps, surtout quand il y a trop à faire.*

AIDE-MÉMOIRE 3

Le tableau de bord des valeurs

Le tableau de bord des valeurs : liste des indicateurs de succès
(P. Georges)

Secteur I : Qualité matérielle/Richesse/
Sécurité financière

- Salaire : revenus nets générés régulièrement, tous les mois.
- Patrimoine : biens nets, mobiliers et immobiliers.
- Endettement : taux d'endettement par rapport au salaire.
- Capacité d'épargne : salaire moins les dépenses et le remboursement de dettes.
- Couverture de risques : sommes payées en assurances sociales et couverture de risques.
- Liberté financière : capacité à augmenter ses revenus, ses liquidités en cas de besoin, capacité d'emprunt.
- Potentiel d'héritage.
- Balance des dépenses : rapport entre nourriture, logement, habillement, loisir, mobilité.

Secteur II : Célébrité/Reconnaissance

- Notoriété : renommée, distance parcourue par vos « clients », pour vous.
- Œuvres publiques : cotations, référencement, recettes, audience, diffusion.
- Médiatisation : livre de presse.
- Nombre et qualité des invitations reçues.
- Statut social, nombre et qualité des titres détenus.

Secteur III : Responsabilités/Pouvoir

- Personnes : nombre de personnes en commandement.
- Savoir : détention de savoir rare ou recherché.
- Ressources : possession de ressources rares.
- Droits : droits à légiférer, à produire des règlements, à prendre des décisions, budget et dépenses permises.

Secteur IV : Qualité de vie/Bonheur

- Espaces : bureau à disposition, surface habitable.
- Loisirs : temps libre, budget loisir.
- Risques : criminalité dans l'environnement, exposition à des nuisances, exposition à des risques.
- Contraintes : degré de liberté.
- Contacts : nombre et durée des contacts désirés avec des personnes désirées.

AIDE-MÉMOIRE 4
Exemples de principes pour la qualité de votre organisation

Avertissement

■ Les chiffres cités le sont seulement à titre d'exemple.

■ Les personnes qui nous ont donné ces exemples vécus admettent faire quelquefois des exceptions à ces règles.

■ Ces principes sont donnés, non pas pour qu'on les respecte strictement, mais seulement à titre d'exemples.

■ Au cours de la vie, environ tous les trois à cinq ans, les personnes choisissent d'autres principes.

■ En moyenne une personne choisit deux ou trois principes dans chacune des principales catégories.

Exemples souvent cités de principes de santé physique et mentale

■ Se laver les dents (2) fois par jour.

■ Faire (2) heures de (tennis, nage...) par semaine.

■ Ne jamais devenir trop gros (poids idéal plus 20 %).

■ Ne jamais conduire à plus de (140) km à l'heure.

■ Ne jamais avoir de signes de stress (stade II) sans en traiter la cause.

Exemples souvent cités de principes financiers

- Jamais de dettes.
- Ne pas dépenser plus que je ne gagne.
- Mourir avec pas plus de (100000) euros taxables en succession.
- M'élever dans la société (1) (meilleure classe sociale que mes parents).
- Patrimoine toujours en croissance de (5) % par an.
- Ne pas devoir gagner plus que je n'en ai besoin pour vivre comme je le veux.

Exemples souvent cités de principes de qualité de vie

- Ne pas prendre moins de (8) semaines de vacances par an.
- Ne pas travailler après (19) heures.
- Ne pas travailler le week-end.
- Pas de télévision à la maison, mais (2) sorties par semaine.
- Budget maison à (1/4) des revenus.
- Ne pas accepter de travail où je dois diriger trop de personnes.
- Ne pas accepter un travail dans un bureau ouvert.
- Travailler à la maison au moins (2) demi-journées par semaine.
- Aller au théâtre ou au cinéma (1) fois par mois.
- Aller au restaurant (2) fois par semaine.
- Pas plus de (4) nuits en déplacement par mois.
- Ne jamais travailler à plus de (10) km de chez moi.

Exemples souvent cités de principes de fierté

- Jamais de patron, sauf les clients.
- Une (1/2) journée par semaine pour soi.

- Ne pas accepter de travail s'il n'y a pas un paiement à la performance significatif de (1/3).
- Ne jamais mentir.
- Faire au moins (1) œuvre qui sera publique, pour une communauté large : article publié, peinture exposée, cuisine appréciée, maison visitée...
- Avoir toujours au moins (1) objectif privé mesurable tous les (3) mois.
- Lire (1) livre par semaine.
- Connaître pleinement ma technique favorite (voile, bouddhisme, tennis, chinois, violon, cuisine gastronomique, peinture, fiscalité internationale, alpinisme, internet...).
- Ne jamais avoir de principes et saisir toutes les opportunités.
- Investir (5) % de ses revenus en soi.

AIDE-MÉMOIRE 5
Les 9 règles les plus employées de l'intelligence automatique

Voici une liste des principaux préjugés, des principales règles de la mémoire d'espèce, de l'intelligence animalière, que nous utilisons, souvent inconsciemment, pour traiter l'information qui nous arrive quand elle arrive trop vite, quand nous sommes fatigués ou stressés.

Cette liste est utile à connaître pour en prendre conscience, pour nous en méfier, pour nous en servir à l'occasion.

Ces réflexes intellectuels primaires ont pu être utiles à un moment de notre évolution. Mais ils sont souvent trompeurs. Ils sont en général corrigés par notre intelligence de plus haut niveau, si nous lui en laissons le temps !

- Ce qui est beau est bon. On juge intuitivement comme plus intelligents les gens beaux, volubiles, grands et minces.
- Ce qui est différent est dangereux, nous nous méfions de ce que nous ne connaissons pas.
- Pour se reproduire, la femme donnera inconsciemment la préférence à l'homme au ventre plat. Son subconscient lui dicte qu'il est fort et qu'il la protégera mieux. L'homme aura tendance à favoriser la femme ronde. Les hanches larges et la poitrine généreuse sembleront lui garantir une descendance facile et bien nourrie.
- Plus une chose est visible, plus elle est considérée comme importante.
- Plus une chose est permanente, plus elle est considérée comme importante.
- Plus une chose est grande, plus elle est considérée comme importante.
- Plus une chose est répétée, fréquente, plus elle est considérée comme vraie.
- Plus une chose est accessible, moins elle est considérée comme importante.
- C'est ce qui est en premier qui est important.

AIDE-MÉMOIRE 6
En pratique et pour aller plus loin

La liste de vos achats

- Le tableau blanc.
- La lampe de bureau.
- Un bon ordinateur.
- Les téléphones.

© Eyrolles Pratique

La liste des cours disponibles sur ces sujets

- Le management de l'intelligence.
- Le management Cockpit d'équipe.

Voici quelques programmes disponibles par l'Unité de Gestion d'Intelligence Humaine de HEC Paris, *via* l'adresse pgeorges@arcadis.be.

Les séminaires Améliorer votre intelligence

Les séminaires Améliorer votre intelligence, de un à deux jours, sont conçus pour améliorer votre intelligence et vos performances. En voici les étapes principales.

Organiser vos objectifs

Comment les choisir ?

Comment les diviser en activités ?

Comment planifier leur réalisation ?

Organiser vos espaces et vos équipements

Comment organiser votre bureau et vos espaces de travail ?

Comment utiliser les équipements disponibles ?

Organiser votre temps

Comment organiser votre agenda ?

Comment utiliser les différentes méthodes ?

Organiser vos relations et votre équipe

Comment communiquer pour convaincre ?

Comment organiser le travail collectif ?

L'audit ERGO-9000

C'est une étude de votre cas personnel et/ou de celui de votre équipe proche.

Voici un extrait du programme réalisé par des médecins experts en organisation du travail intellectuel.

Étude de vos objectifs

- Sont-ils équilibrés ?
- Sont-ils compatibles ?
- Sont-ils mesurables ?
- Sont-ils planifiés ?
- Sont-ils divisés en activités ?

Étude de vos espaces et de vos équipements

- Comment sont-ils organisés et rangés ?
- Comment sont-ils utilisés ?

Étude de l'organisation de votre temps

- Les tâches et les objectifs sont-ils compatibles ?
- Les priorités sont-elles adéquates ?
- Les tâches sont-elles compatibles avec les horaires ?
- La charge de travail est-elle supportable ?

Étude de vos relations

- Quelles sont les méthodes de communication utilisées ?
- Quelles sont vos méthodes de réunion ?
- Quelles sont vos méthodes de négociation ?
- Quelles sont vos méthodes de leadership ?
- Quelles sont vos méthodes de présentation écrite et orale ?

Le rapport que vous recevez après ces études cliniques et d'observation comporte les recommandations suivantes

- Conseils d'amélioration d'objectifs personnels ou d'objectifs d'équipe.
- Conseils d'amélioration de l'usage ou de l'organisation de vos espaces.
- Conseils d'amélioration de votre gestion du temps.
- Conseils pour améliorer vos relations.

AIDE-MÉMOIRE 7
Votre plan d'action

Rappelez-vous la classification que vous avez utilisée pour chaque conseil

☐ **E** pour Éliminer
Ne s'applique pas à vous, ou vous l'appliquez déjà.

☐ **T** pour Transmettre
Conseil valable pour vos collègues et votre équipe.

☐ **C** pour Classer
Décidez d'appliquer le conseil en cas de besoin, pour un effort spécial.

☐ **A** pour Agir
Appliquez ce conseil à partir de maintenant.

Les 3 conseils A que vous avez décidé d'appliquer immédiatement

1. ....

2. ....

3. ....

Les 6 conseils C que vous avez décidé d'appliquer à l'occasion et en fonction des circonstances

1. ....

2. ....

3. ....

4. ....

5. ....

6. ....

Les 12 conseils T que vous avez décidé de proposer à vos collègues, à votre entreprise

1. ....

2. ....

3. ....

4. ....

5. ....

6. ....

7. ....

8. ....

9. ....

10. ....

11. ....

12. ....